Hans Zippert
Würden Sie an einer Tortengrafik teilnehmen?

D1849086

Hans Zippert, ehemals Chefredakteur der *Titanic* und heute einer der bekanntesten Wissenschaftsjournalisten und Kolumnisten Deutschlands. Buchveröffentlichungen u.a.: »Die 55 beliebtesten Krankheiten der Deutschen. Im Selbstversuch getestet«, Tiamat, Berlin 2008. »Was macht dieser Zippert eigentlich den ganzen Tag?«, Tiamat, Berlin 2009. »Aus dem Leben eines plötzlichen Herztoten. Tagebuch eines Tagebuchschreibers«, Tiamat, Berlin 2011.

Edition
TIAMAT
Deutsche Erstveröffentlichung
Herausgeber:
Klaus Bittermann
1. Auflage: Berlin 2015
© Verlag Klaus Bittermann
www.edition-tiamat.de
Umschlagentwurf: Felder Kölnberlin Grafikdesign
ISBN: 978-3-89320-196-9

Hans Zippert

Würden Sie an einer Tortengrafik teilnehmen?

199 Fragen und 197 Antworten zu den Allgemeinen Geschäftsbedingungen für das Leben in Deutschland

Critica
Diabolis
224

Edition
TIAMAT

Dieses Buch gibt Antworten auf alle Fragen, die Sie sich jemals gestellt haben und darüber hinaus auch noch Antworten auf 171 weitere Fragen, die Sie sich leider bisher nicht gestellt haben. Zum leichteren Verständnis sind hin und wieder Grafiken eingestreut, die aber ebenfalls Antworten geben. Arbeiten Sie alle Texte sorgfältig durch und unterbrechen Sie den Autor nicht. Sollten Sie am Ende tatsächlich noch Fragen haben, wiederholen Sie die Lektüre und fragen Sie sich dann, ob das wirklich nötig war.

Frage 1

Hätte dieses Buch auch einen anderen Titel haben können?

Geplant war ursprünglich: »Wie ich mich einmal im Bordbistro übergeben musste und Horst Lichter ein neues Aktionsgericht daraus machte«.

Frage 2

Warum müssen Elektrogeräte immer so schnell kaputt gehen?

Die durchschnittliche Lebensdauer von durchschnittlichem Technikquatsch beträgt fünf Jahre, dann muss das Gerät durch etwas Flacheres ersetzt werden. Reparaturen sind so gut wie unmöglich. Die technikquatscherzeugende Industrie ist selber verzweifelt und versteht auch nicht, warum die schönen Apparate immer so schnell kaputt gehen. Die Branche steht unter einem ungeheuren Druck. Ständig müssen neue Geräte entwickelt und auf den Markt geworfen werden, weil die alten jederzeit ihren Geist aufgeben können. Da ist es natürlich möglich, dass vollkommen überforderte Arbeiter in einem schlecht beleuchteten Billiglohnland versehentlich Schwachstellen in die Geräte einbauen, obwohl sie gar keine Anweisungen dafür haben. Niemand weiß, wie man diese Entwicklungen stoppen kann. Experten raten dazu, neu gekauften Technikquatsch möglichst schnell nach Hause zu transportieren, weil das Gerät bereits unterwegs oder während des Auspackens für immer kaputt gehen kann. Auch die Technikquatschhersteller wollen reagieren und die Garantiezeit auf neunzig Minuten senken.

Frage 3

Kann man bedenkenlos durch einen deutschen Tunnel fahren?

Deutsche Autofahrer können bedenkenlos in deutsche Tunnel einfahren. Das behauptet der Direktor des Instituts für Straßenwesen in Aachen. Wobei wir uns ganz nebenbei fragen, was sind das eigentlich für Straßenwesen, mit denen die sich da in Aachen beschäftigen? Leben die in Nothaltebuchten und ernähren sich von alten Sanifair-Gutscheinen? Doch abgesehen von diesen ominösen Straßenwesen ist das natürlich eine gute Meldung: Wir Deutschen können bedenkenlos in jeden deutschen Tunnel reinfahren. Zurzeit besteht eine so gut wie hundertprozentige Sicherheit, dass man aus jedem Tunnel, in den man reinfährt, am Ende wieder rauskommt. Sollte das nicht der Fall sein, war es kein Tunnel sondern irgendetwas anderes, eine Garage zum Beispiel oder eine Radarfalle, die von Straßenwesen aufgestellt wurde. Bekanntlich teilt sich ja die Menschheit in zwei Gruppen: diejenigen, die bedenkenlos durch einen Tunnel fahren und diejenigen, die voller Bedenken im Tunnel unterwegs sind. Wenn man aber länger als zwei Stunden bedenkenlos durch einen Tunnel fährt, sollten einem vielleicht schon Bedenken kommen.

Frage 4

Gibt es ein Leben nach dem Smartphone?

Die Mehrheit der Teenager in Deutschland besitzt ein Smartphone. Das ergab eine Telefonumfrage. Demnach benutzen 85 Prozent ein Smartphone aber weniger als 0,04 Prozent der Jugendlichen haben ein Faxgerät und nur 25,4 Prozent können damit umgehen. Das ist das Ergebnis einer Faxumfrage. Die alte Kulturtechnik des Faxens droht zu verschwinden. Die ständige Rektorenkonferenz ist beunruhigt, Eltern schlagen Alarm und schicken Protestfaxe an die zuständigen Stellen, Ärzte gründen Selbsthilfegruppen für ehemalige Faxer. Die abendländische Kultur geht gnadenlos den Bach runter. Nur 0,0004 Prozent der Jugendlichen besitzen einen Walkman und versuchen damit zu telefonieren, auch der Discman, der Kassettenrekorder, das Vierspurtonband, der Diaprojektor, der VHS-Recorder, das CB-Funkgerät und die Melodica sind aus den Zimmern unserer Kinder weitgehend verschwunden. Experten rechnen damit, dass auch das Smartphone in etwa zwei Jahren durch irgendetwas anderes ersetzt wird. Eine sprechende Kartoffel, ein W-lanfähiges Kaninchen oder eine Brille, durch die man durchgucken und dahinter die Welt sehen kann.

Frage 5

Haben Sie einen durchschnittlichen Penis?

Britische Forscher haben »die Penis-Daten von 15000 Männern weltweit verglichen«. Diese Meldung schlug hohe Wellen in der Penisfachpresse. Aber wo findet man diese Penisdaten? Gibt es Länder, in denen neben Größe und Augenfarbe auch die Länge des Penis im Ausweis angegeben wird? Ist es vorstellbar, dass man eines Tages bei der Einreise in bestimmte Staaten gebeten wird, die Hose zu öffnen? Kann man sein iPhone demnächst nicht nur mit einem Fingerabdruck entsperren, sondern auch mit einem anderen Körperteil? In der Meldung heißt es, die Daten stammen »aus Studien, deren Teilnehmer ihren Penis professionell vermessen ließen«. Wie wird ein Penis professionell vermessen? Oder anders gefragt, wie sieht eine unprofessionelle Penisvermessung aus? Jedenfalls weiß man jetzt, dass die durchschnittliche Länge des durchschnittlich professionell vermessenen Penis im »schlaffen Zustand« bei 9,16 cm liegt. Die Zahlen dürften der »großen Mehrheit der Männer« zeigen, dass ihr Penis im »normalen Bereich« liegt, heucheln die britischen Wissenschaftler. Wer gibt solche Forschungen in Auftrag? Und warum werden die Ergebnisse solcher Vermessungsaktionen überhaupt veröffentlicht? Soll man bei Manufactum einen handgeblasenen Penismessbecher kaufen oder soll der Beruf des Penismessdieners wieder populär gemacht werden?

Frage 6

Wie viele Bücher über Ursula von der Leyen muss man haben?

Ursula von der Leyen krempelt das Verteidigungsministerium komplett um. Alte Strukturen sollen abgeschafft, die Behörde muss wie ein Wirtschaftsunternehmen geführt werden: gewinnorientiert und supereffektiv. Als Begleitmaterial sind zwei Biografien erschienen, die Ursula von der Leyen aus verschiedenen Perspektiven zeigen, einmal von vorne und einmal von schräg hinten. Diese Bücher sollte jeder Angestellte des Ministeriums lesen, damit er weiß, warum und von wem er bald gefeuert wird. Deutschland wird sich auf keinen Krieg mehr einlassen, den es nicht wirtschaftlich gewinnen kann, darauf dürfen sich der Rest der Welt und vor allem unsere Nato-Partner verlassen. Die Produktion von kriegerischen Auseinandersetzungen wird schon länger in Regionen ausgelagert, in denen Arbeitskräfte billiger sind. Die Ministerin lässt im Moment alle Waffen durchzählen und alle Aktenordner inspizieren. Überraschendes Zwischenergebnis: die Aktenordner sind gefechtsbereit, die Waffen nicht. Zur Stärkung der Kampfkraft will das Ministerium die Gesamtauflage der von-der-Leyen-Biografien aufkaufen, um sie als Wurfgeschosse einzusetzen.

Frage 7

Kann der deutsche Soldat in der Kaserne überleben?

Die Horrormeldungen über den Zustand der Bundeswehr häufen sich. Erst waren es nur die Waffen, Flugzeuge, Schiffe und Hubschrauber. Nun sind auch noch die Kasernen in einem völlig desolaten Zustand. Kasernenministerin von der Leyen konstatierte einen »enormen Modernisierungsbedarf« und will 750 Millionen Euro investieren, um alles mal wieder nett zu tapezieren. Dazu muss aber festgestellt werden, wie viele Kasernen es überhaupt gibt, denn über die Hälfte sind nicht an das Stromnetz angeschlossen. Man kann dort noch nicht einmal anrufen, um sich die schrecklichen Zustände schildern zu lassen. Fast alle Kasernen wurden seit dem Ende des Zweiten Weltkriegs nicht mehr gereinigt, die Toiletten sind kaum benutzbar, aber immerhin gibt es fließendes Wasser, man kann nur nicht voraussagen, wo es gerade fließen wird. Heizungen existieren nicht, die unteren Dienstgrade müssen die Reifen der Geländefahrzeuge verbrennen. Die Soldaten schlafen in doppelstöckigen Erdhöhlen und ernähren sich von Pilzen, Flechten und Tannenzapfen, hin und wieder wird schweren Herzens ein Pferd der Kavallerie oder ein Feldwebel geschlachtet.

Frage 8

Ist der Mount Everest ein Scheißberg?

Der Mount Everest droht in Exkrementen zu versinken. Nepalesische Behördenvertreter beklagen ein massives Umweltproblem, denn Bergsteiger und Sherpas lassen Tonnen von Fäkalien auf dem höchsten Berg der Welt zurück. Experten glauben, dass mindestens die letzten hundert Meter bis zum Gipfel längst nicht mehr aus Gestein bestehen, sondern dass es sich um gefrorene Exkremente handelt. Bei einer inoffiziellen Messung zeigte sich, dass der Berg inzwischen weit über 9000 Meter hoch ist. Zur Zeit der Erstbesteigung waren es nur 8848 Meter. Auf aktuellen Fotografien weist der Mount Everest eine stark gelblichbraune Verfärbung auf. Das Problem: es gibt auf dem Weg zum Gipfel drei öffentliche Toiletten, die alle von der Firma Sanifair betrieben werden. Man zahlt umgerechnet 700 Euro und bekommt einen Gutschein im Wert von 50 Cent, den man an jeder nepalesischen Autobahnraststätte einlösen kann. Das ist den meisten Bergsteigern zu teuer, außerdem will sich niemand mit so viel Kleingeld belasten. Deshalb gelten jetzt verschärfte Regeln. Wer auf den Gipfel will, muss sein eigenes Dixi-Klo mitnehmen.

Frage 9

Brauchen die Autos uns überhaupt noch?

Die Automobilwelt befindet sich im Umbruch. Schon bald wird es das erste Google-Auto geben, eine Art Parkplatzsuchmaschine auf Rädern. Das Auto achtet auf den Verkehr, der Nutzer kann unterwegs im Internet surfen. Auch Apple plant ein Auto, das iCar ist mit allen Produkten der Firma kompatibel, kann Musik und Filme abspielen und hat eine ausfahrbare Stange, mit der man von sich ein Selfie oder Autie machen kann. Doch es drängen noch andere Unternehmen auf den Automarkt. Das Twitter-Auto befindet sich schon in der Testphase. Es ist sehr kurz, hat serienmäßige Hashtags aber kann im Moment immer nur 140 Meter weit fahren, dann muss man einen neuen Tweet absetzen. Da ist man bei Facebook zum Glück weiter. Das Facebook-Auto kann unterwegs geliked und beliebig oft geteilt werden, wer hinter einem Facebook-Car fährt, wird automatisch zum Follower. Und gibt es auch ein Amazon-Auto? Was denn sonst? Es nervt allerdings ein bisschen, weil es ständig Hinweise gibt: »Fahrer, die in die Bahnhofstraße eingebogen sind, interessierten sich auch für elektronische Saftpressen und »Darm mit Charme« als Hörbuch«.

Frage 10

Soll man Nazis das Burkatragen verbieten?

Mitglieder des CDU-Bundesvorstands fordern ein Burka-Verbot. Das kann man nur unterstützen, denn es gibt in Deutschland kein wichtigeres Problem. Warum sollen sich die Frauen in der CDU denn auch verschleiern? Wer verlangt so etwas? Das hat doch mit unserer westlichen Leitkultur nichts mehr zu tun. Wer sich verschleiert, will etwas verbergen und ist auf Überwachungsvideos nicht zu erkennen. Doch die CDU ist nicht nur auf die Burka fixiert. Imame sollen Deutsch sprechen. Erst dann ist der Islam auch wirklich in Deutschland angekommen, sagt CDU-Präsidiumsmitglied Jens Spahn. Auf Deutsch wirkt eine Hasspredigt auf jeden Fall noch überzeugender und hasserfüllter. Bis alle Imame Deutsch sprechen, könnten CDU-Politiker das Predigen übernehmen oder die Moscheen bedienen sich eines filmischen Hilfsmittels und präsentieren »Hass mit deutschen Untertiteln«. Innerhalb der CDU ist außerdem umstritten, ob der Islam nun wirklich zu Deutschland gehört. Goethe, Bismarck und Hitler waren jedenfalls keine Muslime. Andererseits sollte man bedenken: Hitler wäre nie so erfolgreich gewesen, wenn er eine Burka getragen hätte.

Frage 11

Profitieren Igel von IGel-Leistungen?

IGel-Leistungen sind nutzlos, wenn nicht gar schädlich. Die Abkürzung IGel steht für »Irrelevante Gesundheitsleistung« und die ermöglicht es Ärzten, Geld ihrer Patienten auf das eigene Konto zu transplantieren. Als besonders nutzlos wird die Messung des Augeninnendrucks eingestuft, mit der Augenärzte ihren Urlaub in Neuseeland finanzieren. Noch sinnloser ist die Messung des Augenaußendrucks, die meistens in Verbindung mit einem Lidschlag-EKG und einem Augenbrauen-Screening zum Preis von 199,90 Euro angeboten wird. Auch der Nutzen der professionellen Zahnreinigung konnte nicht festgestellt werden, sie scheint aber sinnvoller zu sein, als die unprofessionelle Zahnreinigung oder die Messung des Zahnrauminnendrucks. Die Krankenkassen fordern: Ärzte sollen ihre Patienten genau erklären, für welchen Urlaub sie das IGel-Geld verwenden wollen. Der Mitschnitt einer Darmspiegelung mit Musik und einem Kommentar von Veronica Ferres gehört auf jeden Fall zu den gemeingefährlichen IGel-Leistungen, die man genauso ablehnen sollte, wie die Messung des Blinddarminnendrucks oder eine professionelle Hirnreinigung mit Entkalkungsmitteln. In diesem Zusammenhang warnen die Krankenkassen eindringlich davor, € 149,00 für eine »Schutzimpfung gegen IGel-Leistungen« zu bezahlen.

Frage 12

Sind fliegende Waschbären wirklich wünschenswert?

Der Waschbär hat in den vergangenen sieben Jahren sein Territorium in Deutschland verdoppelt und kommt nun fast überall vor. Ursprünglich war der Waschbär nur in Kassel beheimatet, wo er einige Stadtverordnete und kurzzeitig auch den Kulturdezernenten stellte. Doch inzwischen haben sich die Tiere explosionsartig ausgebreitet, woran auch der Flughafen Kassel-Calden (heute: Kassel-Airport) einen gewissen Teil der Schuld trägt. Angeblich sind 80 Prozent der dort abgefertigten Fluggäste Waschbären. Heute trifft man Waschbären fast überall. Im Musikantenstadl, in der Autowaschanlage oder im Waschsalon. Ein Wahlrecht für Waschbären scheint eigentlich unumgänglich, schließlich gibt es bereits den »Verband kritischer Waschbären in der CDU«, die Arbeitsgemeinschaft homosexueller Waschbären (AHW) aber auch den Rocker-Club »Waschidos«, denn Waschbären sind durchaus aggressiv. Bis zu einem Viertel aller Uhu-Nistplätze in Thüringen halten sie heute schon besetzt. Sollten sich beide Arten eines Tages paaren, wird das unabsehbare Folgen haben, fliegende Waschbären sind nun wirklich das letzte was unser Land braucht.

Frage 13

Finanziert Qatar alle bedeutenden Terrororganisationen?

Die Fußball-WM 2022 in Qatar soll ausnahmsweise im Winter, kurz vor Weihnachten, stattfinden. Das empfahl eine Task-Force der Fifa, die sich intensiv mit dem Klima in Qatar beschäftigt hat. Das war auch nötig, denn was keiner ahnte: im Sommer herrschen dort Temperaturen von 90 Grad im Schatten, im Winter sind es dagegen angenehme 40 Grad. Qatar finanziert neben der Fifa auch noch andere Terrororganisationen wie den Islamischen Staat, dessen Unterhaltungswert für Europäer aber nicht so hoch ist. Qatar hat versprochen, während des Turniers die Heizkosten in nördlichen Ländern zu übernehmen. Deutschland soll mit einem riesigen Heizpilz überdacht werden, damit bei Minustemperaturen ein Public-Viewing im T-Shirt möglich ist. Die Fifa-Task-Force empfiehlt auch, Änderungen am Austragungsmodus vorzunehmen. Die Begegnungen sollten höchstens 60 Minuten dauern. Wenn sich beide Mannschaften darauf einigen, könnte man statt des Spieles gleich mit dem Elfmeterschießen anfangen. Es soll auch nicht mehr so viele Partien geben, im Prinzip reicht eigentlich das Finale Deutschland – Qatar (2:3).

Frage 14

Warum leben Frauen eigentlich länger?

Deutsche Männer gehen nicht gerne zu Vorsorgeuntersuchungen. Frauen schon. Das hat eine Forsa-Umfrage im Auftrag der Techniker Krankenkasse ergeben. Fast 80 Prozent der Männer geben außerdem zu, dass sie mehr für ihre Gesundheit tun könnten. Das ist ein beschämendes Ergebnis. Was sind das überhaupt für Männer, die zugeben, sie könnten mehr für ihre Gesundheit tun? Wieso lassen die sich von irgendwelchen Forsa-Fritzen dumm anquatschen? »Was meinst du mit Vorsorge? Ich komme vor Sorge fast um, dass du mir die Zeit stehlen könntest«. So sollte ein Mann den Umfrageheinis entgegentreten und nicht windelweich herumeiern. Wer Zeit für Umfragen hat, der hat auch Zeit für Vorsorgeuntersuchungen. Die Rechnung ist doch ganz einfach. Männer haben ein kurzes, aber intensives Leben und beschäftigen sich mit wichtigen Dingen wie Raubbau am eigenen Körper, Pferdewetten, Kohlehydrataufnahme und Bewegungsvermeidung. Frauen leben länger, weil sie mehr für ihre Gesundheit tun, verbringen aber einen großen Teil ihres langen Lebens in Arztpraxen, Apotheken, Kernspinthomographen und mit dem Lesen der »Apotheken-Umschau«.

Frage 15

Warum sind Brotkrusten für ältere Menschen lebensgefährlich?

In Fulda arbeiten Lebensmittelwissenschaftler an der Entwicklung eines seniorengerechten Brotes. Sie bekämpfen dabei vor allem die Kruste, die sich für viele Senioren als Todesfalle erwiesen hat. Es sterben mehr Achtzigjährige durch Verletzungen mit Brotkrusten als durch Tauchunfälle, um nur mal ein Beispiel zu nennen. Pfleger in Seniorenaufbewahrungsstätten verbringen 52 Prozent ihrer Arbeitszeit damit, die Krusten von nicht seniorengerechten Broten abzuschneiden. Den Rest der Arbeitszeit verbringen sie damit, die Krusten zu entsorgen. Würde man alle Krusten, die täglich von Senioren- und Greisenbroten abgeschnitten werden, aneinanderlegen, käme man auf eine Strecke von 99.000 Kilometern. In kleine Stücke geschnitten, könnten Senioren mit diesen Krusten täglich 22.000 Enten füttern oder drei Modelle der Cheopspyramide aus Brotteig formen, im Maßstab 1:10. Ingenieure im Hinterland von Fulda arbeiten bereits an einem Rollator, der zu 99 Prozent aus recycelten Brotkrusten besteht. Sollte der Senior in menschenleerem Gebiet verunglücken, kann er den Rollator einfach aufessen, bis endlich Hilfe eintrifft.

Frage 16

Welches sind die häufigsten Todesarten von 70-90-Jährigen?

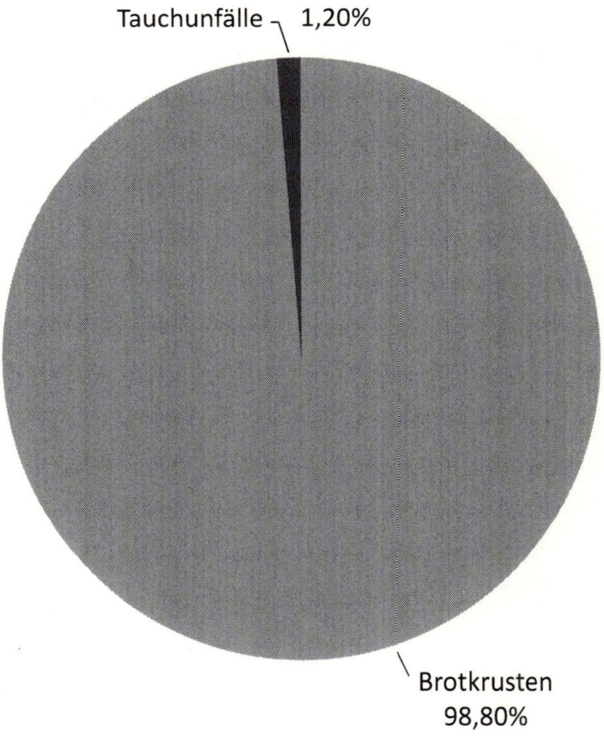

Stand 4/2015

Frage 17

Wer ist das Sozialamt der Welt?

»Deutschland ist nicht das Sozialamt der Welt«; diese überraschend versöhnlichen Töne gab Horst Seehofer von sich, der im Süden der Bundesrepublik ein kleines Kalifat mit menschlichem Antlitz leitet. Seehofers Aussage wurde allgemein positiv aufgenommen. Viele Bewohner der Welt zeigten sich erleichtert, dass ihnen nun das Ausfüllen komplizierter Anträge und das stundenlange Herumsitzen in deutschen Behördenfluren erspart bleibt. Andererseits wird hier auch eine einmalige Chance leichtfertig vertan. Würde Deutschland tatsächlich der Sitz des Weltsozialamts werden, dann ließen sich damit Tausende, ja, Zehntausende neuer Arbeitsplätze schaffen. Noch besser: der Großteil der Zuwanderer und Asylsuchenden kann gleich im Weltsozialamt arbeiten. Ungenutzte Gebäude wie das Berliner Stadtschloss könnten als Sitz des Weltsozialamts dienen. Die umfangreichen Immobilien des BER-Geländes mögen für den Betrieb eines Hauptstadtflughafens nicht geeignet sein, aber für das Weltsozialamt wären sie perfekt. Die Landebahnen könnten Warteschlangen von mehr als zehn Kilometern problemlos bewältigen.

Frage 18

Wie kann man Idiotie testen?

Der Idiotentest soll reformiert werden. Die so genannte medizinischpsychologische Untersuchung (MPU) wird »transparenter« werden oder, wie der Lateiner sagt, durchsichtiger. Jeder Idiot »muss die Chance bekommen, sich auf den Test vorbereiten zu können«, versprach Idiotentestminister Dobrindt. Die MPU ist ein wichtiges Instrument zur Klassifizierung der Bevölkerung. Je differenzierter die Fragen, umso genauer gelingt später die Unterteilung in Nichtidiot, Teilzeitidiot, Halbidiot, Vollidiot und Vollpfosten. Aber was nutzt der schönste Test, wenn man sich darauf vorbereiten kann? Bisher verrät der Idiotentest dem Idiotentester zuverlässig, wer charakterlich nicht in der Lage ist, einen Idiotentest korrekt auszufüllen. Es gibt eine regelrechte Idiotentestindustrie, zahlreiche Bücher und Seminare bringen dem Idioten in spe bei, wie er Einsicht heuchelt und Verhaltensänderungen vortäuscht. Lautet die Frage: »Trinken Sie viel?«, soll man auf keinen Fall wahrheitsgemäß antworten: »Nein, das meiste verschütte ich.«

Frage 19

War da nicht mal irgendwas mit dem Atommülllager Asse?

Das Atommülllager Asse soll Weltkulturerbe werden. Dafür will sich die Bundesumweltministerin einsetzen. Das Problem: man müsste das Lager erst mal finden. Der Salzstock in der Nähe von Braunschweig, wo es angeblich mal drin war, hat sich, entgegen aller Abmachungen, völlig verändert. Selbst alte Freunde erkennen nichts mehr wieder. 126000 Fässer mit schwach- und mittelradioaktivem Müll wurden dem Salzstock zur Aufbewahrung überlassen. Doch der hat sich in den vergangenen Jahrzehnten total gehen lassen, ist möglicherweise innerlich komplett zusammengebrochen. Experten sind außerdem überzeugt, dass der Salzstock inkontinent ist. Die 126000 Fässer konnten bisher nicht gefunden werden. Die Umweltministerin erklärte, der Atommüll könnte nicht vor 2033 geborgen werden. Diese Zahl hatte sie sich schnell und vollkommen willkürlich ausgedacht. Von Parteikollegen wird sie für ihre unbedachte Äußerung kritisiert, weil 2033 ja schon in ein paar Jahren ist. 2091 wäre eine viel bessere Zahl gewesen, dann hätte man die Bergung der Fässer mit der Eröffnung des Hauptstadtflughafens zusammenlegen können.

Frage 20

Ist Gewalt gegen Frauen in bestimmten Fällen ok?

»50 Shades of Grey« (dt. Titel: »50 graue Sonnenbrillen«), der hyperbrutale SM-Schocker, in dem sich eine Geisteswissenschaftlerin von einem Kapitalistenschwein verprügeln lässt, wurde verfilmt. Jetzt kam allerdings heraus, es handelt sich gar nicht um den echten Film, sondern nur um eine grausam schlechte Kopie, mit der die Zuschauer gequält werden sollen, bis sie darum betteln, die wirkliche Romanverfilmung sehen zu dürfen. Das Konzept scheint aufzugehen, tausende von Zuschauerinnen ließen sich im Kinosaal einschließen, um das Werk mehrfach über sich ergehen zu lassen. Der Film sprengt alle Rekorde und hat an der Spitze der Kino-Charts nach drei Jahren tatsächlich »Honig im Kopf« abgelöst. Das ist dieser Schocker, wo Dieter Hallervorden so tut, als wüsste er nicht, dass er in einem Til Schweiger-Film auftritt. Damit wäre übrigens auch die ultimative Erfolgsformel gefunden. Ein S/M/D, also ein Sadomasodemenzfilm. Einvernehmliche Gewalt und hinterher kann sich keiner erinnern. Wir freuen uns schon auf: »50 Shades of Honig im Kopf«.

Frage 21

Gehört der Wolf zu Deutschland?

Der Wolf ist nach Deutschland zurückgekehrt. Bis auf das Saarland, wo sich trotz steuerlicher Anreize bisher noch kein Wolf ansiedeln wollte, ist er in jedem Bundesland gesichtet worden. Naturschützer versuchen, Sympathiewerbung für den Wolf zu machen, Prominente übernehmen Wolfspatenschaften, so wie Christian Wulff, der bereits 2007 als niedersächsischer Ministerpräsident klar machte, dass für ihn der Wolf zu Deutschland gehört. In Rheinland-Pfalz wurde eine Wolfs-Hotline eingerichtet und ein »Großkarnivoren-Beauftragter« eingestellt. Ein Wolfsmanagement-Plan soll helfen, den Zuzug der Tiere aus sicheren Drittländern zu regulieren. In den menschenleeren Weiten Ostdeutschlands streichen riesige Wolfsrudel durch die verödeten Landstriche der mecklenburgischen Tundra. Ihr Heulen übertönt Kirchenglocken und das Knattern der frisierten Nazi-Mofas. In Dresden sollen drei Wölfe angeblich sogar in einer Pegida-Kundgebung mitmarschiert sein. In Hamburg scheiterte allerdings der Versuch eines Wolfsrudels, sich als Partei registrieren zu lassen und an der Bürgerschaftswahl teilzunehmen.

Frage 22

Sind unsere Brücken noch sicher?

Das Ministerium für Verkehr hat 50000 Tonnen Paketklebeband aus China geordert. Das wird dringend gebraucht, um Deutschlands marode Infrastruktur wenigstens notdürftig instandzuhalten. Für die Schiersteiner Brücke kommt jede Hilfe zu spät, hier hätte man schon längst die Pfeiler mit Paketklebeband sichern müssen. Jetzt versucht man verzweifelt die Risse mit Silikon zu reparieren. Ostdeutsche Autofahrer beschweren sich schon seit Jahren über den schlechten Zustand der westdeutschen Straßen. Viele sind auch deshalb noch nie im Westen gewesen, weil sie sich nicht ihr Auto ruinieren wollen. Ab 2017 dürfen LKWs keine Brücken mehr benutzen, PKWs nur am ungeraden Tagen. Jeder Autofahrer ist verpflichtet, auf längeren Fahrten einen Teerkocher mitzunehmen, um größere Schlaglöcher unterwegs selber ausbessern zu können. Nicht nur Straßen und Brücken befinden sich in beklagenswertem Zustand auch größere Bauprojekte kommen nicht vom Fleck. In Stuttgart graben sie seit Jahren und haben noch immer keinen Bahnhof gefunden. Und in Hamburg kann die Elbphilharmonie, die weltweit größte Recycling-Anlage für Musicalschrott nicht vor 2030 ihre Arbeit aufnehmen. Bis dahin ist die Bevölkerung an den Musicalemissionen längst zugrunde gegangen.

Frage 23

Würden Sie an einer Tortengrafik teilnehmen?

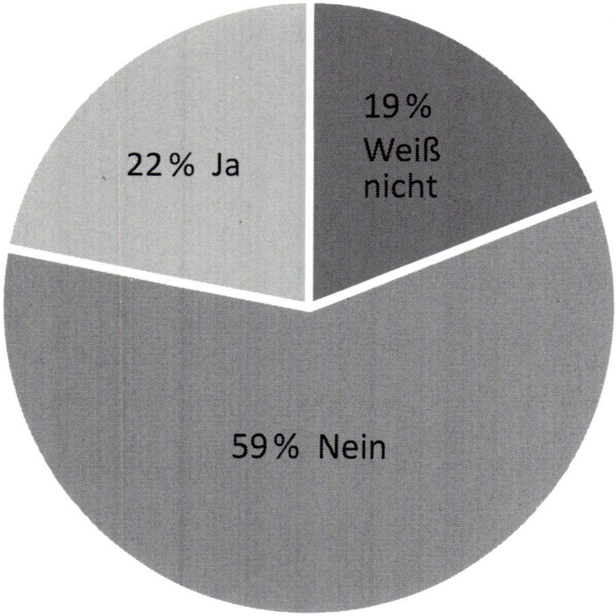

Frage 24

Ist Komasaufen gesünder als Pegeltrinken?

Moderater Alkoholkonsum ist überhaupt nicht so gut für die Gesundheit, wie viele moderate Alkoholkonsumenten gehofft haben. Das fanden jetzt britische Forscher in einer Studie heraus, die Studien von Forschern untersucht hat, die herausgefunden haben wollten, dass moderater Alkoholkonsum gesundheitsfördernd sein soll. Viele dieser Studien wurden auffälligerweise von der moderaten Alkoholindustrie gesponsert, was möglicherweise einen moderaten Einfluss auf das Ergebnis gehabt haben könnte. Millionen moderater Alkoholkonsumenten fühlen sich jetzt vor dem Kopf gestoßen. Wozu haben sie sich jahrelang moderat den Alkohol einverleibt, wenn dieses anstrengende und verkrampfte Trinkverhalten gar nicht den erwarteten lebensverlängernden und gesundheitsfördernden Nutzen hat? Wäre es nicht gesünder gewesen, dem Alkohol gleich exzessiv, hemmungslos und unmoderat zuzusprechen? Wie sehen denn da überhaupt die Studienergebnisse aus? Wirkt exzessiver Alkoholkonsum nicht vielleicht doch lebensverlängernder als moderater? Jedenfalls wenn man es schafft, rechtzeitig an eine zweite Leber zu kommen?

Frage 25

Was war die DDR?

Die DDR war ein Unrechtsstaat. Ihre Bewohner waren Unrechtsstaatsbürger. Das hat die Linke in Thüringen offiziell unterschrieben. Ganz korrekt sprechen wir jetzt nicht mehr von der ehemaligen oder Ex-DDR sondern von TUFNADDR = The Unrechtsstaat formerly known as DDR. Es reicht nicht, die Deutsche Demokratische Republik in Gänsefüßchen zu setzen, um Zweifel an ihrer Rechtsstaatlichkeit zum Ausdruck zu bringen, sondern man muss den Begriff TUFNADDR benutzen. Durch die Wiedervereinigung wurde die BRD zum Rechtsnachfolger der DDR oder logischerweise zum Unrechtsnachfolger. Ist die BRD, ist Deutschland damit, rein juristisch betrachtet, zu einem Unrechtsstaat geworden? Ist Angela Merkel eine Marionette Moskaus oder eine Erfüllungsgehilfin Nordkoreas? Wie verhält man sich überhaupt in einem Unrechtsstaat? So wie Thomas Middelhoff oder wie Bodo Ramelow? Wenigstens muss der Text unserer glorreichen Hymne praktisch gar nicht verändert werden: »Einigkeit, Unrecht, Unfreiheit….«

Frage 26

Ist Sahra Wagenknecht Angelina Jolie mit unmenschlichem Antlitz?

Sahra Wagenknecht und Oskar Lafontaine, das Traumpaar des Klassenkampfs, haben heimlich geheiratet. Und wen haben sie geheiratet? Frau Wagenknecht hat Oskar Lafontaine geheiratet und Herr Lafontaine hat Sahra Wagenknecht geheiratet. Es war eine Art gefühlte Doppelhochzeit. Die Öffentlichkeit hat aber nichts gefühlt, denn sie war, genau wie Gala und Bunte, ausgeschlossen. Noch nicht einmal das Neue Deutschland saß dabei. Es ist die zweite Ehe für Sahra Wagenknecht und die vierte für Lafontaine, zusammen sind sie also zum 6. Mal verheiratet. Es wurden keine Ringe getauscht, denn das Paar glaubt an die Planwirtschaft und nicht an Tauschhandel. Beide können nun vom Ehegattensplitting Gebrauch machen und wenn einer von beiden stirbt, kann Sahra Wagenknecht die Filmrechte an der Hochzeit verkaufen. Der Bund der Ehe wurde in Merzig geschlossen. Der Ort liegt nur 40 Kilometer von Wiebelskirchen entfernt, wo Erich Honecker, der spirituelle Lehrer von Sahra Wagenknecht, geboren wurde. Dreißig Kilometer von Wiebelskirchen, in Saarlouis, wurde Oskar Lafontaine geboren, die Fortsetzung von Erich Honecker mit kapitalistischen Mitteln. Beide Ehepartner haben ihre Namen behalten, damit die Talkshow-Redaktionen nicht durcheinanderkommen.

Frage 27

Quo vadis, Systemgastronomie?

McDonald's möchte sein Schmuddel-Image loswerden und setzt auf eine Qualitätsoffensive. Demnächst will man die Gäste am Tisch bedienen und die unüberschaubare Anzahl an Burgern und burgerähnlichen Produkten, sowie die 477 Menü-Kombinationen reduzieren. Bestimmte Gerichte werden sogar am Tisch zubereitet, damit die Gäste mit eigenen Augen sehen können, wie ihr Big Mac mit einer hauchdünnen Pappschachtel ummantelt wird oder wie der Apfel in die Tasche fließt. Ernährungsberater stehen bereit, um die erwartete Gewichtszunahme auszurechnen. Man will den Kunden mit Transparenz und Ehrlichkeit überzeugen, deshalb wird es demnächst nur ein „Unhappy-Meal“ geben. Der gefürchtete Clown Ronald McDonald wurde bereits wegen Vortäuschung von guter Laune entlassen. Zusätzliche Angebote im Premiumsegment sollen zahlungskräftige Kundschaft anlocken. Gedacht ist an eine Jahrgangs-Cola premier cru oder stilvoll dekantierte Milk-Shakes aus französischen Spitzenlagen. Ein Sommelier berät die Gäste bei der Auswahl des passenden Softdrinks zu »Chicken à la Maison-Mc-Nuggets« oder zum »Cheeseburger vom Kobe-Rind«.

Frage 28

Was macht eigentlich der Hund der Exkanzlergattin?

Ein Kampfhund hat sich kürzlich in den Hals von Borderline-Terrier und »Ex-First-Dog« »Holly« verbissen. Das allein wäre ja schon schlimm genug, aber es kommt noch dicker: der gebissene Hund gehört der früheren »Exkanzlergattin« und jetzigen »Exkanzlerexgattin« Doris Schröder-Köpf. Dank Antibiotika überlebte das Tier, doch die Exkanzlerexgattin ist naturgemäß entsetzt über den Angriff auf Ex-First-Dog Holly, obwohl der Kampfhund eigentlich auch nur seinen Job gemacht hat, schließlich ist er ein Kampfhund. Er konnte ja nicht wissen, dass er den Hund der Exkanzlerexgattin vor sich hatte. Zum Glück erwischte er nicht Hollys Halsschlagader, sonst hätte es geheißen: »Exitus von Ex-First-Dog der Exkanzlerexgattin«. Schlagzeilentechnisch wäre es noch besser gewesen, die Attakke hätte nicht in Hannover, sondern in der alten Detmolder Heimat des Exkanzlers und Ex-Ehemanne der Exkanzlergattin stattgefunden, dann hätte man gelesen: »Exitus von Ex-first-Dog der Exkanzlerexgattin an den Externsteinen. Exkanzlergattinexgatte erschüttert!« Der Name des Kampfhunds ist leider nicht überliefert, wahrscheinlich hieß er Excel.

Frage 29

Gibt es irgendeinen Grund, SPD zu wählen?

Die SPD berät über ihren künftigen Kurs. Soll der Parteivorsitzende jetzt mit jeder irren Sekte reden oder doch nur mit Pegida? Ist SPD nur ein anderer Name für CDU ohne Merkel? Soll man den Bürgern Geld zahlen, wenn sie SPD wählen? Und wie kann man das eigentlich überprüfen, dass die auch wirklich SPD wählen und nicht nur das Geld kassieren, aber ihr Kreuz dann woanders machen? Die Antworten auf diese Fragen will sich die SPD auf einer Klausurtagung selbst geben. Nachdem man bisher nur Klientelpolitik für Greise und Megagreise gemacht hat, sucht man jetzt nach Angeboten für die 30-60Jährigen. Das ist diese ganz neu entdeckte »gehetzte Generation«, die von den 61-100Jährigen gehetzt wird, damit sie das Geld für deren Renten verdient. Die älteste Partei der Welt muss sich neu aufstellen, sie muss dem Verbraucher klar machen, dass sie nicht nur eine Heimat für Kinderpornographieliebhaber und Crystal-Meth-Konsumenten ist. Die SPD muss wählbarer werden, sie muss sexy und zugleich sozialdemokratisch rüberkommen. Eine Mischung aus Nora Tschirner und Franz Müntefering, das wäre es. Aber im Moment ist die SPD leider eine Mischung aus Sigmar und Gabriel.

Frage 30

Kann ein deutscher Affe ein Faultier sein?

Der Berliner Zoo hat ernste Probleme. Seit dem legendären Knut ist dem Unternehmen kein ähnlicher Triumph mehr gelungen, die Besucherzahlen gehen zurück, die Stimmung unter den Mitarbeitern ist gereizt, erst gestern traten die Faultiere in einen unbefristeten Streik. Immer wieder hat der Zoo versucht, an alte Erfolge anzuknüpfen und scheiterte kläglich. Auch Rieke wurde, genau wie Knut, von der Mutter verstoßen und vom Pflegepersonal aufgezogen. Doch wie sich erst nach langwierigen Untersuchungen herausstellte, handelt es sich nicht um ein Eisbärbaby, sondern nur um einen Orang-Utan. Ein schwerer Schlag für den Zoo, Sigmar Gabriel zog seine Zustimmung zur Übernahme einer Patenschaft wieder zurück, Sebastian Edathy wäre wohl noch immer bereit, aber die Zooverwaltung ist grundsätzlich vorsichtig geworden bei der Vermittlung von Tierkindern an SPD-Politiker. Bei der CDU verweist man auf Alexander Dobrindt, der angeblich aus einer alten Primatenfamilie stammt. Die FDP fühlt sich allen vom Aussterben bedrohten Tierarten sehr verbunden, hat aber im Moment kein Geld. Die Grünen unterstützen nur regionale Tiererzeugnisse und ähnlich sieht es bei der AfD aus. Die Partei lehnt es auf Beschluss der Basis ab, ausländische Tiere zu fördern. Selbst wenn das Orang-Utan-Baby noch so süß aussieht, nimmt es deutschen Affen den Arbeitsplatz weg.

Frage 31

Ist Sex mit Büchern strafbar?

Jeder siebte Bundesbürger liest keine Bücher. In Wirklichkeit sind es viel mehr, denn jeder zweite Deutsche schämt sich, zuzugeben, dass er keine Bücher liest und 83 Prozent aller Befragten haben schon einmal in einer Umfrage gelogen. Frauen lesen mehr als Männer, auch deshalb behaupten Männer gerne, dass sie viel lesen, vor allem, wenn die Frau daneben steht. Ehrliche Auskünfte über das Leseverhalten der Deutschen sind schwerer zu erhalten, als über das Sexualverhalten. Vierzehn Prozent glauben übrigens, dass ein Bibliophiler Sex mit Büchern hat. Experten schätzen aber, dass 97 Prozent aller Deutschen schon einmal mit einem Buch geschlafen haben. Und diese Praktik bleibt anscheinend nicht ohne Folgen, denn es gibt immer mehr Bücher. Die von immer weniger Menschen gelesen werden müssen. Über 20.000 Neuerscheinungen präsentiert die Leipziger Buchmesse. Der Börsenverein des Deutschen Buchhandels weist in diesem Zusammenhang darauf hin, dass man als Käufer keineswegs verpflichtet ist, ein Buch zu lesen. Man kann es auch einfach zu den anderen ins Regal stellen oder mit ihm schlafen.

Frage 32

Sind Physiklehrer mit Kopftuch Respektspersonen?

Das Bundesverfassungsgericht hebt das Kopftuchverbot auf. Nur wenn eine konkrete Gefährdung für den Schulfrieden besteht, darf der Direx ein Kopftuchverbot aussprechen. Dieser Tatbestand liegt beispielsweise vor, wenn 50jährige Physiklehrer nur mit einem Kopftuch bekleidet unterrichten. Das kann Schüler nachhaltig verstören. Anders liegt der Fall, wenn das gesamte Kollegium Kopftuch trägt. Das Verfassungsgericht untersagte außerdem das Tragen von Breitcord-Anzügen in Verbindung mit einem Kopftuch. Sollte es religiöse Gründe dafür geben, müsste man diese Religion sofort verbieten, forderten die obersten Richter des Landes. Befürworter des Kopftuchverbots fürchten eine Beeinflussung der Schüler durch kopftuchtragende Lehrer, da Lehrer angeblich als Vorbild gelten. Dazu stellt das Verfassungsgericht klar: kein Schüler würde freiwillig die Pullunder, den Mundgeruch oder die Horrorfrisuren seiner Lehrer kopieren. Ein guter Lehrer vermittelt Werte durch Abschreckung. Will man also die christlichen Werte in diesem Land fördern, muss man die Kopftuchpflicht für Lehrer einführen.

Frage 33

Dürfen katholische Kaninchen ein Kondom benutzen?

Comedy-Papst Franziskus ist mit einer Reihe aufsehenerregender Äußerungen auffällig geworden, die man besser nicht wiederholen sollte, aber so zusammenfassen könnte: Katholiken müssen nicht vögeln wie die Karnickel. Wenn es denn schon mal passiert ist, können sie ihre Jungen auch mal schlagen, aber nur so, dass die kleinen Karnickel nicht ihre Würde verlieren. Und wenn mal einer was gegen die Karnickelmutter sagt, dann muss er mit einem Faustschlag rechnen. Der Papst vertritt also eine mütterfreundliche, aber karnickel- und kinderfeindliche Linie. Damit müssen sich die Katholiken in aller Welt erstmal anfreunden. Die katholischen Kaninchen sowieso. Viele Fragen, wenn nicht gar Abgründe tun sich auf. Ist es gottgefällig, wenn nicht gar gottgewollt, Kaninchen zu essen? Denn das Kaninchen ist ja quasi die paradiesische Schlange von heute, die den Gläubigen verleiten will, die verbotene Frucht vom Rammelbaum zu kosten? Welchen Weihrauch benutzen sie da eigentlich im Vatikan? Wann erlaubt die Kirche endlich die Benutzung von Kondomen gegen ungeschützten Verbalverkehr?

Frage 34

Wie entsorgt man verbrauchte Politiker am umweltschonendsten?

Wenn Regierungspolitiker von der Politik in die Wirtschaft wechseln, müssen sie neuerdings ein Jahr warten. Aber eigentlich ist es für Parteien ein Segen, ausgebrannte oder unfähige Mitglieder diskret in der Wirtschaft entsorgen zu dürfen. So konnte die FDP drei ihrer erfahrensten Flachpfeifen verklappen. Phillip Rösler, der Parteivorsitzende mit dem Lieferservice, wurde dem Weltwirtschaftsforum untergejubelt, das seitdem ständig an Bedeutung verliert. Daniel Bahr wurde aus dem Gesundheitsministerium in die Allianz-Versicherung versetzt und Teppichminister Niebel fand Asyl in der Rüstungsindustrie. Der brutalstmögliche Koch ruinierte beinahe den Baukonzern Bilfinger, Ronald Pofalla versucht das gleiche mit der Bahn und Gerhard Schröder arbeitet als Gashahn für die Russen. Rainer Brüderle geht zwar seit Jahrzehnten in die Wirtschaft, aber er muss jedes Mal dafür bezahlen. Leider gibt es noch kein Unternehmen, das Vizesiggi Gabriel aufnehmen würde. Das bedeutet, entweder er wird Vorstand bei VW oder er macht so lange weiter, bis er Kanzler ist.

Frage 35

Ist ein All-Inclusive-Aufenthalt eine Terror-Reise?

Die Bundesregierung verschärft die geltenden Sicherheitsgesetze und stellt Terror-Reisen unter Strafe. Genauer gesagt geht es um »Reisen zum Zwecke terroristischer Handlungen«. Wer also ein fremdes Land besucht, um dessen Natur und das Service-Personal zu terrorisieren, nur weil er glaubt, das gehört zu »All-Inclusive« dazu, der wird schon bei der Ausreise vom Verfassungsschutz abgefischt. Ob die Inbesitznahme von ausländischen Liegestühlen mittels Handtücher bereits unter den Terror-Reise-Paragraf fällt, muss der Gesetzgeber erst noch klären. Es könnte aber sein, dass es bald verboten ist, auf Auslandsreisen Handtücher mitzuführen. Auch wer mehr als 50 Bilder von seiner Auslandsreise postet und damit seine Freunde terrorisiert, muss zumindest mit Entzug des Smartphones rechnen. Das Gesetz soll bereits dann greifen, wenn es nur um eine Terrorausbildung im Ausland geht. Wer sich also in London bei Goldmann-Sachs schulen lässt, um später Währungsterror zu verbreiten, der soll hart bestraft werden können. Dieses lobenswerte Gesetz kommt im Fall Mario Draghi leider zu spät.

Frage 36

Was waren die größten Erfolge der deutschen Außenpolitik?

Gewonnene Weltkriege	0
Verlorene Weltkriege	2

Frage 37

Kann man heutzutage noch problemlos eine Nuss essen?

Nüsse senken das Risiko, an Herzinfarkt, Krebs oder Diabetes zu erkranken, erhöhen aber die Gefahr einer Nussallergie. Das hat eine von der Nussindustrie mitfinanzierte Studie ergeben. Wer täglich mindestens eine Nuss zu sich nimmt, der konsumiert insgesamt mehr Nüsse als jemand, der nur einmal im Monat zur Nuss greift. Nüsse senken die Blutfettwerte, die Leberfettwerte und den Milzzuckergehalt der Nieren. Aber Achtung, Nussesser kommen statistisch gesehen häufiger durch Unfälle mit Nussknackern und anderen Nussöffnungsmaschinen zu Tode als Nichtnussesser. Nüsse sind gut für die Konzentration, doch wer beim Autofahren Nüsse knackt und dabei noch telefoniert oder versucht, mit dem Smartphone eine Nuss zu öffnen, kann sehr schnell für immer die Konzentration verlieren. Paranüsse ist keine andere Bezeichnung für behinderte Nüsse, sondern für Nüsse mit übersinnlichen Kräften. Der Verzehr von mehr als 100 Walnüssen am Tag gilt als Lärmbelästigung und kann für Mieter zur Kündigung führen. Ganz allgemein kann man sagen: wer regelmäßig Nüsse isst, stirbt seltener, oft nur noch einmal im Leben.

Frage 38

Hört der BND wirklich alles?

Der BND greift so viele Telefonverbindungsdaten ab, wie er kriegen kann. Täglich werden 220 Millionen Datensätze dauerhaft gespeichert. Zum Wohl der Bürger. Wie oft kommt es vor, dass man sich nicht mehr genau erinnert, was man wem am Telefon gesagt hat. Der Kauf einer Couchgarnitur, ein Heiratsversprechen, die Mitgliedschaft beim HSV oder bei Boko Haram, wie oft lässt man sich am Telefon zu irgendwelchen Dummheiten bequatschen und fragt sich erst hinterher, was da eigentlich los war. Jetzt reicht eine Anfrage beim BND, der hat die Daten und kann schnell Klarheit schaffen. Zum Glück betreibt der BND seine segensreiche Vorratsdatenspeicherung ohne auf eine Genehmigung zu warten. Außerdem soll die Behörde durch eine Etaterhöhung um 300 Millionen Euro aufgerüstet werden. Der BND kann dann alle Gespräche in Echtzeit mithören und sich bei Bedarf (falscher Liebesschwur, unsinniger Telekom-Tarif, Enkeltrick!) direkt einschalten. Dank überlegener NSA-Technologie kann der BND sogar Telefongespräche abhören, bevor sie überhaupt geführt werden.

Frage 39

Müssen wir den Russen die DDR zurückgeben?

Das russische Unterhaus, die Duma, verurteilt die Annexion der DDR durch die BRD. Denn im Gegensatz zur Krim hat es in der DDR noch nicht einmal ein Referendum gegeben. Die Beschwerde kommt spät, aber man sollte ernsthaft prüfen, ob damals alles mit rechten und vor allem rechtmäßigen Dingen zugegangen ist. Wurde die DDR nicht einfach gekauft mit Begrüßungsgeld, Solidarbeitrag und Treuhand? Dank Helmut Kohl wissen wir ja, dass nicht Montagsdemonstranten die DDR zu Fall gebracht haben, sondern die Ebbe in der Staatskasse von Gorbatschow. Muss die BRD die neuen Bundesländer wieder abgeben? Wird die ehemalige DDR dann wieder ein souveräner Staat? Kommt jetzt doch noch die große Stunde der russlandnahen Pegida-Bewegung und es entsteht, natürlich nach einem ordnungsgemäß durchgeführten Referendum, ein neuer Staat namens DDIR, Deutsche Demokratische Islamfreie Republik? Auf jeden Fall wird die Wiedervereinigung annulliert, die DDR muss alle frisch geteerten Straßen, die Internetkabel und sämtliche Zuwendungen aus dem Solidarpakt abgeben, dafür erhält sie natürlich Angela Merkel und Joachim Gauck zurück.

Frage 40

Können wir uns den Holocaust endlich verzeihen?

Die große Mehrheit der Deutschen will einen Schlussstrich ziehen und zwar unter den Holocaust. Nach siebzig Jahren muss auch endlich mal Schluss sein, mit dem Holocaust, so ein Horror kann nicht ewig weitergehen. Das hält ja keiner durch. 81 Prozent der Deutschen wollen die Geschichte der Judenverfolgung hinter sich lassen und sich gegenwärtigen Problemen widmen. Etwa dem zunehmenden Antisemitismus oder dem Dschungelcamp, einem Lager in Australien. Es wäre also sehr im Sinne der Bevölkerungsmehrheit, wenn die Bundeskanzlerin mal aufstehen würde, um die erlösenden Worte zu sagen: »Hiermit erkläre ich die Vergangenheit für bewältigt!« Das wäre angemessen, denn die Deutschen sind vom Volk der Täter zum Volk der Bewältiger geworden. Aber irgendwann hat es sich auch mal ausbewältigt und dann will man sich gegenwärtigen Problemen zuwenden, die ja auch bewältigt werden müssen. Es wird Zeit, dass wir endlich selbstbewusst mit der Vergangenheit abschließen. Deshalb sollte in Berlin, der Hauptstadt der Bewegungsbewältigung, ein großes Schlussstrich-Mahnmal errichtet werden.

Frage 41

Wozu brauchen wir eigentlich zwei Kirchen?

Die Kirchen in Deutschland haben ein gemeinsames »Sozialpapier« veröffentlicht. Dafür haben wir doch eigentlich die SPD. Und die CSU. Die Kirche hat in ihrer Geschichte große Kompetenzen auf den Gebieten Kreuzzüge, Hexenverbrennungen und dem Kampf gegen das Heidentum erworben. Niemand bezweifelt das. Sie stellt die Grundversorgung der Bevölkerung mit Hostien, Gebeten, Orgelmusik und modern sanierten Diözesanzentren sicher, aber es gibt keinen Anlass und schon gar keinen Auftrag, uns mit einem Sozialpapier zu belästigen. Einem Papier, das auf Kirchensteuerzahlerkosten gedruckt wurde und in dem Sätze wie dieser stehen: »Gemeinsame Verantwortung heißt, an der Gestaltung einer europäischen Solidaritäts- und Verantwortungsgemeinschaft mitzuwirken.« Das war im Reichsdeputationshauptschluss nicht vorgesehen. Die Kirchen sollten uns lieber detailliert über das Leben danach, also nach der Rente informieren. Was erwartet uns? Wie können wir uns am besten vorbereiten? Wer kommt in die Hölle, wer ins Paradies, und nutzen einem da Kommunalobligationen oder sollte man Bargeld mitnehmen? Ist ein Ablass tatsächlich wirkungslos und was bringt eine Fegefeuerversicherung? Zu diesen Fragen liegen den Kirchen umfangreiche Informationen vor und davon sollten sie auch Gebrauch machen. Wenn Gott gewollt hätte, dass die Kirchen sich Gedanken über die Rente mit 67 machen, dann hätte er Sigmar Gabriel zum Papst ernannt.

Frage 42

Muss es Hannover wirklich geben?

Es gibt Menschen, die glauben, Hannover sei die Welthauptstadt des Verbrechens. Die Stadt an sich ist eigentlich schon ein Verbrechen. Mit Hannover verbindet man schillernde Charaktere wie Christian Wulff, die Scorpions, die Hells Angels, Gerhard Schröder, Lena oder Sigmar Gabriel, der eigentlich aus Goslar kommt. Aber Goslar ist auch nur die Fortsetzung von Hannover mit anderen Mitteln. Dann gibt es auch immer schöne Geschichten von Carsten Maschmeyer und Gerhard Schröder. Der eine hat mal Veronika Ferres geheiratet und der andere hat sich von dem einen erzählen lassen, welche Politik er machen sollte. Angeblich soll Maschmeyer dem für ihn arbeitenden Kanzler zwei Millionen Euro für die Rechte an seiner Biografie bezahlt haben. Kriminalisten untersuchen noch, ob bereits das Verfassen dieser Biografie ein krimineller Akt gewesen sein könnte. Seuchenexperten raten, die Grenzen um Hannover dicht zu machen und die Stadt für einige Jahre unter Quarantäne zu stellen. Philosophen empfehlen, sich Bielefeld als Beispiel zu nehmen. Bielefeld ist die Stadt, die es nicht gibt, und Hannover die Stadt, die es nicht geben sollte.

Frage 43

Wie hoch ist eigentlich der Frauenanteil in Frauen?

Der Frauenanteil in den Führungsetagen großer Unternehmen wächst. Das teilt das Deutsche Institut für Wirtschaftsforschung (DIW) mit. Die Forscher beobachteten insgesamt 200 deutsche Führungsetagen intensiv mit Ferngläsern und Mikroskopen. Darüber hinaus nahmen sie DNA-Proben und Fingerabdrücke. Wärmebildkameras und Drohnen wurden ebenfalls eingesetzt. Man kann also davon ausgehen, dass die Forschungsergebnisse extrem seriös, wenn nicht sogar glaubwürdig sind. Die Frauenforscher gingen dabei äußerst dezent und diskret zu Werke, denn das Beobachten von Frauen hat in Deutschland keinen guten Ruf, selbst wenn es aus rein wissenschaftlichen Gründen geschieht. Jedenfalls hat das DIW einen Frauenanteil von 5,4 Prozent in den Vorstandetagen gemessen, ein Wert, der in der gesamten deutschen Geschichte einmalig ist. In einem zehnköpfigen Vorstand wäre also eine halbe Frau dabei, bzw. ein Mann mit sehr hohen Östrogenwerten. Es muss aber gar keine echte Frau im Vorstand sein, sondern es reicht, wenn die Männer ihre feminine Seite stärker betonen, also auch mal bei einer Massenentlassung weinen.

Frage 44

Was ist so schlecht daran, wenn Arme früher sterben als Reiche?

Reiche leben länger als Arme. So lautet, kurz gefasst, das Ergebnis einer aktuellen Studie. Natürlich ist damit die Empörung vorprogrammiert. Zweiklassengesellschaft! Wer arm ist, muss auch noch früher sterben, wo bleibt da die Gerechtigkeit? So denken heißt, die Wirklichkeit verkennen, denn diese Entwicklung ist ausgesprochen erfreulich. Wir können es nur begrüßen, dass die Reichen länger und gesünder leben, dass sie die Armen regelmäßig überleben. Das ist natürliche Auslese. Die Steinreichen werden steinalt, während die Armen früh ins Gras beißen, es überleben die Finanzstärkeren, die Kaufkräftigeren. Die braucht unsere Wirtschaft dringend. Von Reichen sind mehr Steuereinnahmen als von Armen zu erhoffen. Auch das ist gut für Deutschland. Sogar für die Armen gibt es eigentlich nur Vorteile, denn weil sie früh sterben, müssen sie ihr schweres Los nicht so lange ertragen. Wenn wir die Sache konsequent zu Ende denken, gibt es eines Tages gar keine Armen mehr, weil sie ausgestorben sind. Uns erwartet eine klassenlose Gesellschaft von Reichen und Superreichen, die unaufhörlich neue Reiche und Superreiche zeugen.

Frage 45

Ist Kassel das neue Berlin?

Der Flughafen Kassel-Calden nennt sich inzwischen Kassel-Airport. Damit hofft man, Flugzeuge anzulocken und Piloten zur Landung zu verführen. Bislang meiden Fluggesellschaften den Flughafen, pro Monat landen etwa drei Maschinen, davon eine versehentlich und die anderen beiden wurden dafür bezahlt. Trotzdem hält sich das Interesse in Grenzen. Jetzt glaubt man, dass der Name schuld daran ist. Kassel-Calden klang provinziell, Piloten befürchteten, es handele sich um einen Segelflughafen oder ein Flugfeld für Modellflugzeuge und weigerten sich, dort zu landen. Schon dem Namen Kassel fehlt es an Glanz, aber durch den Zusatz Calden wird der Standort endgültig entwertet. Ob mit Kassel Airport jetzt alles besser wird bleibt abzuwarten, denn welchen Grund sollte jemand haben, überhaupt nach Kassel zu fliegen? Hessen bietet jedem, der in Kassel Airport startet oder landet eine Prämie von 250 Euro. Ministerpräsident Bouffier wies darauf hin, dass der Flughafen immerhin eine Betriebsgenehmigung und funktionierende Gepäckbänder hat und regte an, ihn umzubenennen in BERK, Flughafen Berlin-Brandenburg-Kassel.

Frage 46

Wer darf Satire?

Charlie ist der beliebteste Jungenname und Satiriker stellen die angesehenste Berufsgruppe in Deutschland, mit weitem Abstand vor Feuerwehr, Krankenschwester, Arzt oder Förster. Das hat eine aktuelle Umfrage ergeben. 43 Prozent aller Eltern sähen es gerne, wenn ihre Tochter einen Satiriker heiratet und jeder zehnte Bundesbürger würde sich lieber von einem Satiriker behandeln lassen, als von einem Urologen. 92 Prozent aller Schulabgänger würden gerne Satiriker werden oder, falls das nicht klappt, wenigstens Mechatroniker. Besonders faszinierend finden die meisten, dass man als Satiriker einflussreiche Freunde wie Angela Merkel, Joachim Gauck oder Sigmar Gabriel hat. Auch Investoren sind begeistert von den Möglichkeiten der Kapitalgenerierung durch Satire. Fünf Millionen verkaufte Exemplare einer einzigen Ausgabe von »Charlie Hebdo« sprechen eine deutliche Sprache. In Deutschland hat die »Titanic« eine Monopolstellung. Doch schon bald wird sie Konkurrenz bekommen von Blättern wie »Landlustsatire«, »Satire-Beef« und »Brigitte-Woman-Satire«, sowie »Charlie-Focus« und für Kinder »Charlie-Maus«.

Frage 47

Haften Kinder für ihre Eltern?

Kinder müssen ein Leben lang für ihre Eltern blechen. Das hat der Bundesgerichtshof entschieden. Kinder erarbeiten die Rente ihrer Eltern und dürfen nun auch noch die Pflegekosten übernehmen. Nur wenn sich die Eltern extrem grausam verhalten haben, muss man nichts zahlen. Wer auf der sicheren Seite des Generationenvertrags sein möchte, muss als Kind möglichst viele Grausamkeiten provozieren und natürlich penibel dokumentieren. Noch haben die Gerichte kein verbindliches Grausamkeitsranking erlassen, erste Pläne sind aber bekannt. Wer in seiner Kindheit immer nur »Käpt'n Nuss« oder gar »Nusspli« statt »Nutella« essen musste, der hat trotzdem für die Pflege seiner ignoranten Eltern aufzukommen, denn die Versorgung mit Nutella ist nicht im Grundgesetz garantiert. Der Besuch einer Waldorfschule gilt, genau wie Konfirmations- und Blockflötenunterricht nur als mittelschwere Grausamkeit. Wenn die Eltern einer Minderjährigen erlauben, an einer Castingshow teilzunehmen, die von Dieter Bohlen oder Heidi Klum geleitet wird, ist das Kind aber von jeglicher Zahlung befreit und bekommt sogar noch eine Entschädigung.

Frage 48

Warum ist Stress so unbeliebt?

Sechs von zehn Deutschen fühlen sich gestresst, drei von zehn sind nachweislich gestresst, der Rest ist gestresst, weil er auch gerne gestresst wäre aber nicht weiß, wie das geht. Stress erlebt gerade eine triumphale Rückkehr als Modekrankheit. Und es greift auf alle Bereiche über. Banken, Atomkraftwerke und Regierungen müssen sich neuerdings regelmäßig einem Stresstest unterziehen. Wenn sie dort versagen beginnt der Stress erst richtig. Viele Menschen sind auch gestresst, weil sie sich fragen, an welcher Krankheit man als nächstes leiden muss und ob sie wirklich zu den ersten gehören werden, die daran erkranken. Stress kann viele Ursachen haben. Eine davon sind die ständigen Zeitungsartikel über Stresserkrankungen, eine andere Ursache sind die wachsende Anzahl von Angeboten der Krankenkassen zur Stressprophylaxe und Stressbewältigung oder die After-Stress-Partys in den Metropolen. Stress führt oft zu anderen Beschwerden wie Burn-Out, Veganismus oder Yogeshwar, Quatsch, Yogawahn. Männer greifen dann fatalerweise zum Alkohol, um sich zu entspannen oder täuschen Stress vor, um zum Alkohol greifen zu können.

Frage 49

Ist Farbenblindheit bei Schiedsrichtern erblich?

Im Profi-Fußball diskutiert man über die Einführung der Zeitstrafe. Ähnlich wie beim Eishockey oder Basketball soll es möglich sein, einen Spieler nach einem Regelverstoß nicht gleich für den Rest der Partie vom Platz zu stellen, sondern nur für zehn Minuten. Dabei käme dann die Weiße Karte zum Einsatz. Der Job des Schiedsrichters wird dadurch nicht einfacher. Er muss jetzt aus gelben, roten und weißen Karten die richtige wählen, den Einflüsterungen seiner Assistenten lauschen und dem Ball zuhören, der ihm neuerdings mitteilen will, ob er gerade die Linie im vollen Umfang überschritten hat. Nebenbei muss der Schiedsrichter auch noch das Spiel beobachten, in die Pfeife blasen und Jürgen Klopp beruhigen. Aber die Weiße Karte wäre schon sinnvoll. Vielleicht könnte der Zeitbestrafte aber nicht nur auf der Bank herumsitzen und auskühlen, sondern auch noch ein paar gemeinnützige Tätigkeiten verrichten, etwa Mülleimer ausleeren, die Duschen der gegnerischen Mannschaft putzen, als Bewährungshelfer für Uli Hoeneß arbeiten oder das Auto des Schiedsrichters waschen, falls er weiß, wo das steht.

Frage 50

Müssen wir in Zukunft länger pusten?

Verkehrspolitiker wollen den Kampf gegen Alkohol am Steuer verschärfen und sprechen sich für die Einführung von Startblockierern oder Wegfahrsperren aus. Das Fahrzeug kann nur dann starten, wenn der Fahrer vorher pustet und nüchtern ist. Brauchtumsforscher befürchten allerdings, dass damit der gesamte Verkehr in Bayern lahmgelegt werden würde. Vor allem CSU-Politiker könnten dann kaum noch selber ein Auto steuern, sondern wären auf die Hilfe muslimischer oder stренggläubiger preußischer Chauffeure angewiesen, die keinen Alkohol zu sich nehmen dürfen. Deshalb ist es sehr zweifelhaft, ob sich der CSU-Verkehrsminister für den Vorschlag begeistern wird und neben der Autobahnmaut auch noch die Pustpflicht einführt. Sollte diese Regelung tatsächlich kommen, wird man gerade in ländlichen Gebieten, viele Menschen verzweifelt in ihren Autos sitzen sehen. Sie pusten und pusten, aber das Auto startet nicht. Im Laufe der Zeit werden sich die Lungen dieser Fahrer aber derart kräftigen, dass sie ihr Fahrzeug ohne Motor mit reiner Windkraft fortbewegen können.

Frage 51

Wie sicher sind unsere Reissäcke?

Im Haus der Sängerin Nena brannte der Weihnachtsbaum. Erst Wochen später fand Nena dann die Kraft, auf Facebook darüber zu schreiben. Jetzt wissen wir: die Flammen breiteten sich unglaublich schnell aus und nur dem Einsatz von Nenas Ehemann war es zu verdanken, dass nicht das gesamte Haus abbrannte. Der Baum konnte nicht gerettet werden und stand dementsprechend für keine Stellungnahme zur Verfügung. Ob es sich um Brandstiftung handelte ist unklar, man weiß auch nicht, ob der Baum möglicherweise selbst seinem Leben ein Ende setzen wollte. Auch ein terroristischer Hintergrund kann natürlich nicht ausgeschlossen werden. Die Bestürzung über den Vorfall ist groß. Die Behörden riefen nach dem Bekanntwerden des Tannenbaumbrandes zu größter Wachsamkeit auf. Man dürfe die Bäume auf keinen Fall unbeobachtet lassen, sondern müsse sie im Gegenteil ständig im Auge behalten. Falls man nur die geringste Änderung im Verhalten des Baumes bemerke, solle man die zuständigen Stellen informieren. Die Sängerin hat reumütig zugesichert, alle im Haus vorhandenen Reissäcke gegen ein plötzliches Umfallen zu sichern.

Frage 52

Ist die Erde eine Scheibe?

Die Schallplatte erlebt ein unerwartetes Comeback. Der Umsatz mit Vinyl-Tonträgern wuchs allein in den USA um mehr als 50 Prozent. Ein Trend, der volkswirtschaftlich bedenklich ist, denn das Erdöl, das zur Herstellung des Vinyls benötigt wird, fehlt eines nicht mehr ganz so fernen Tages an der Tankstelle. Wenn der Umsatz mit Schallplatten im gleichen Maße wie bisher steigt, könnte der Benzinpreis sich bald verdoppeln und ab 2020 wären die Erdölvorräte aufgebraucht. Was das bedeutet, bekamen Verkehrsteilnehmer schon 1973 schmerzhaft zu spüren. Abermillionen Schallplatten wurden damals besinnungslos gekauft, allein 1,7 Millionen Mal »Dark Side of the Moon« von Pink Floyd. Das Ergebnis: Fahrverbot an vier Sonntagen. Da konnte dann keiner dieser Vinyl-Junkies mit dem Auto zum Schallplatten-Dealer oder auf eine Börse fahren, um seiner Sucht zu frönen. Es ist grundsätzlich absolut verantwortungslos, aus wertvollem Autotreibstoff Tonträger herzustellen. Aber alle Warnungen sind vergeblich: erst wenn der gesamte Erdball kaputt gefrackt ist, werden die Vinyl-Fanatiker merken, dass man Schallplatten nicht trinken kann.

Frage 53

Was hat sich 2015 geändert?

Noch nie in der Kalendergeschichte gab es ein Jahr mit der Nummer 2015. Top-Ökonomen sehen die Hauptgefahr darin, dass 2015 nicht durch vier teilbar ist. Das macht das Jahr teilweise unberechenbar. Extremismusforscher gehen davon aus, dass sich 2015 circa 500.000 Menschen der Vegetarier-Bewegung anschließen werden. Das könnte zu einer Broccoli-Knappheit und Engpässen bei Steckrüben und Topinambur führen. Der Verfassungsschutz sieht aber keine Anzeichen für das Entstehen einer militanten Veganer-Miliz. Ein katastrophales Jahr erwartet der Ring Deutscher Makler. Dank der Einführung des Verursacher-Prinzips (»Wer den Makler bestellt, bezahlt ihn auch!«), steht der Beruf des Maklers vor dem Aus. Brauchtumsforscher bedauern, dass nach dem Aussterben so traditionsreicher Berufe wie Scharfrichter, Inquisitor, FDP-Minister oder Rosstäuscher, mit dem Makler bald ein weiterer liebenswerter Quälgeist aus dem Straßenbild verschwinden wird. Dem Verbraucher bleiben immerhin noch Gebrauchtwagenhändler und Unternehmensberater. Autofahrer müssen 2015 ihren Verbandskasten umrüsten. Neben 144 verschiedenen Pflastern sind auch Medikamente gegen Bleifußschmerzen und Verkehrsverdünnungsmittel mitzuführen. Ebenfalls neu: Gastwirte dürfen Bier auch in 0,15 Liter-Gläsern ausschenken, sie müssen aber eine Lupe dazu legen.

Frage 54

Hatte Helmut Schmidt doch Visionen?

Altkanzler Helmut Schmidt war im Laufe seiner Amtszeit an die hundert Mal bewusstlos. Es soll sich nur um »kurze Ohnmachten« gehandelt haben. Aber woher will Schmidt das so genau wissen, er war ja nicht dabei? Wer Visionen habe, solle zum Arzt gehen, war die Devise von Helmut Schmidt, aber ob seine Bewusstlosigkeiten durch Visionen ausgelöst wurden, hat er nicht erwähnt. Schon wird er verdächtigt, damals nicht nur Tabak geraucht zu haben. Hat Schmidt versucht, bewusstseinserweiternde Drogen zu inhalieren und ist dabei bewusstlos geworden? Einige Aspekte seiner Politik deuten darauf hin. Bedenkt man außerdem, wieviel Zeit Schmidt mit Kettenrauchen verbracht hat und rechnet die Phasen der Bewusstlosigkeit dazu, dann blieb ihm nicht viel Zeit zum Regieren bei vollem Bewusstsein. Gemerkt hat niemand was, denn anscheinend kann man Deutschland auch bewusstlos beherrschen. Vielleicht geht es im weggetretenen Zustand sogar am besten. Es stellt sich jetzt die Frage, ob Helmut Kohl während seiner Amtszeit geistig anwesend war? Wieso fantasierte er von blühenden Landschaften im Osten? Auch Angela Merkel macht ja auf neutrale Beobachter häufig einen abwesenden Eindruck. Wahrscheinlich regiert sie das Land nach der schmidtschen Methode: alternativ- und besinnungslos.

Frage 55

Stirbt der Kofferkuli aus?

Die legendären Kofferkulis werden bald für immer von unseren Bahnsteigen verschwunden sein. Ihr Bestand nimmt seit Jahren ab, weil sie von skrupellosen Altmetallhändlern systematisch gejagt werden und in illegalen Kofferkulischmelzanlangen elendig zugrunde gehen. Kofferkulis sind sehr sensibel und wahre Wunder der Evolution. So hatten sie die Fähigkeit, nie da zu sein, wenn man sie brauchte. Mit ihren scharfen Kofferkuliaugen erkannten sie schon aus großer Entfernung, dass ein gedankenloser Reisender sein schweres Gepäck rücksichtslos auf ihrem Rücken abladen wollte und machten sich aus dem Staub. Hatte man trotzdem mal einen erwischt, dann fing er jämmerlich an zu quietschen, blockierte die Räder oder rannte panisch im Kreis herum. Es waren alte schwerbehinderte Exemplare, die nicht mehr rechtzeitig hatten fliehen können. Sie waren natürlich außerstande, unsere Koffer zu transportieren, sondern mussten selber getragen werden. Der WWF kämpft schon seit Jahren für den Schutz des Kofferkulis, der als Pandabär der Bahnhöfe gilt und fordert die Errichtung von Schutzzonen und ein ganzjähriges Jagdverbot.

Frage 56

Was tun, bevor man abstürzt?

Viele Menschen sind nach der German Wings-Katastrophe verunsichert und haben Angst vor Flugreisen, denn sie fürchten, am Ende direkt auf irgendeiner Titelseite zu landen. Diese Angst ist nicht ganz unbegründet, aber man kann problemlos ein paar einfache Vorsichtsmaßnahmen treffen. Zu allererst sollte man immer für ein aktuelles Foto auf seinem Facebookprofil sorgen, auf dem man möglichst sympathisch und optimistisch wirkt. Am besten vor jeder Flugreise ein aktuelles Foto in hoher Auflösung an *Bild*-Zeitung, *Focus* und die *FAZ* schicken, damit die Redaktionen im Falle eines Absturzes nicht so lange suchen und möglicherweise Persönlichkeitsrechte verletzen müssen. So helfen Sie den Zeitungen, peinliche Verwechslungen zu vermeiden. Auch vor Bahn-, Bus- und Schiffsreisen sollten Sie alles Wissenswerte über sich und die wichtigsten Adressen an die entsprechenden Redaktionen schicken, damit die nicht Ihre Freunde und Angehörigen über Gebühr belästigen müssen. Bevor Sie die Reise dann antreten, sprechen Sie mit Nachbarn, Verwandten und Jugendfreunden eventuell erforderliche Statements ab. Tragen Sie auf Reisen immer gedeckte Farben, die zu einer möglichen Verpixlung ihres Gesichtes passen, obwohl das eine Technik ist, die nur sehr wenige, extrem rückständige Zeitungen anwenden. Trotzdem sollte man auch darauf vorbereitet sein.

Frage 57

Verliebt sich tatsächlich alle 11 Minuten eine Wildsau mit Parship?

Es gibt Zahlen, die sehr nachdenklich stimmen. Alle 11 Minuten verliebt sich ein Single mit Parship aber alle 2,5 Minuten ereignet sich in Deutschland ein Wildunfall. Das ist wirklich bitter, bevor der Single sich also verlieben kann, hat er vier Wildunfälle, das beeinträchtigt natürlich die Romantik. Andererseits könnte es auch sein, dass sich der Single gerade bei einem Wildunfall verliebt. Wenn er bemerkt, wie verletzlich die Wildsau auf dem Mittelstreifen aussieht, dann setzt das möglicherweise ungeahnte Gefühle im Single frei. Nun ist es nicht so, dass sich alle 11 Minuten ein Single in ein Wildschwein verliebt, zumindest gibt es keine belastbare Statistik und ob die Gefühle erwidert werden, weiß man auch nicht. Es muss ja nicht unbedingt ein Wildschwein sein, in Frage kommen auch Rehböcke, Hirschkühe, immer häufiger Wölfe und bald auch Elchbullen, Wisente und Bärinnen. Wenigstens das Angebot an potentiellen Wildunfallpartnern wird für den paarungsbereiten Single immer größer. Doch sollte er dabei auf seine Gesundheit achten, denn alle 20 Minuten bekommt in Deutschland jemand einen Herzinfarkt.

Frage 58

Gab es bei Schröder ein technisches Problem?

Gerhard Schröder hat seine vierte Ehe erfolgreich hinter sich gebracht und ist wieder zu haben. Fast achtzehn Jahre war er mit der Exkanzlergattin Doris Schröder-Köpf verheiratet, davor gab es noch drei weitere Ehen, mit Frauen, die Eva, Anne und Hiltrud hießen. Eine geplante Hochzeit mit Carsten Maschmeyer scheiterte am Einspruch von Amnesty International und Veronica Ferres. Der passionierte Gasmann und Rechtsanwalt, war zeitweilig auch als Hobbypolitiker erfolgreich und hat, was kaum noch einer weiß, von 1998-2005 als Teilzeitkanzler gearbeitet. Seine fünfte Ehe will Schröder noch in diesem Jahr beginnen, Interessentinnen können sich auf dem üblichen Weg bei ihm melden. Ob das Casting im Fernsehen übertragen wird ist noch nicht entschieden, das Format könnte aber DSDS heißen, Deutschland sucht die Schrödergattin. Experten gehen momentan davon aus, dass es in der Beziehung ein technisches Problem gegeben haben muss. Die genaue Absturzstelle der Ehe ist unbekannt und Rettungsmannschaften sind auch nicht unterwegs.

Frage 59

Wie findet man das richtige Hähnchen?

Jedes zweite Supermarkthähnchen ist mit Keimen belastet, die gegen Antibiotika resistent sind. Sollten die Tiere also krank werden, kann man sie kaum behandeln, jedenfalls nicht mit Antibiotika. Diesen Missstand hat eine Untersuchung des BUND zu Tage gefördert. Verbraucher fragen sich nun, woran erkennt man das 2. Hähnchen und wie kann man es vom ersten oder auch vom dritten unterscheiden, die ja höchstwahrscheinlich nicht belastet sind? Das Verbraucherschutzministerium denkt über eine Anweisung nach, die Mastbetriebe dazu verpflichtet, jedes zweite Hähnchen nicht zu schlachten. Das würde natürlich zu einer Verteuerung der Produkte führen, und was macht man dann mit den aussortierten Hühnern? Kommen die in Seniorenheimen und Uni-Mensen zum Einsatz? Doch es gibt noch viel gravierendere Probleme. Müsste man von den übriggebliebenen Hühnern nicht eigentlich auch jedes zweite aussortieren, solange, bis nur noch eins übrig ist, das dann aber mit Sicherheit gesund wäre? Und sollte dieses ehrgeizige Vorhaben gelingen, bleibt ja noch die Frage, wer am Ende dieses eine Hähnchen bekommt?

Frage 60

Sind Radfahrer Fußgänger mit Satteltaschen?

Wer vor dem Überqueren einer Straße von seinem Fahrrad absteigt und das Gefährt schiebt, gilt von diesem Augenblick an nicht mehr als Radfahrer, sondern als Fußgänger, für den das Verkehrsrecht keine Bekleidungsvorschriften kennt. Das hat das Landgericht Coburg in einem bereits rechtskräftigen Urteil festgelegt (AZ: 21O 757/10). Daraus folgert: Wer von seinem Motorrad absteigt, gilt automatisch als Radfahrer, und wer das Motorrad rückwärts schiebt, wird rein rechtlich zu einem unbekleideten Fußgänger. Wer sein Auto schiebt, der gilt natürlich erst mal als Motorradfahrer im Sinne der Straßenverkehrsordnung. Ist der Autofahrer jedoch unbekleidet, gilt er als schiebender Radfahrer und damit als bekleideter Fußgänger. Wer einen Motorradfahrer mit dem Auto über die Kreuzung schiebt, sollte sich nach allen Bekleidungsvorschriften warm anziehen. Wer ein Auto schiebt, ohne ausgestiegen zu sein, hat gegen die Naturgesetze verstoßen und muss seinen Führerschein abgeben. Wer aber von seinem Pferd absteigt und das Tier über die Kreuzung schiebt, macht sich des nackten Wahnsinns schuldig und gilt als Vollidiot.

Frage 61

Stammt der Mensch vom Schaschlikspieß ab?

Der Mensch kennt offenbar schon sehr viel länger als angenommen das Geheimnis des Feuermachens. Das beweisen Funde in der südafrikanischen Wonderwerkhöhle. Aus den dort entdeckten verbrannten Knochen und Pflanzenresten lässt sich eindeutig feststellen, dass Menschen schon seit einer Million Jahren Erfahrung mit Feuer haben. Es wurden u.a. Überreste einer Brandschutzversicherungspolice und das Skelett eines Feuerzeugs gefunden, außerdem ein mumifizierter Feuerwehrmann, ein versteinerter Schlauch, der wahrscheinlich zum Löschen eingesetzt wurde, eine Schachtel mit der Aufschrift »Urwelthölzer« und die Klinke einer Brandschutztür. Wahrscheinlich muss nun die gesamte Menschheitsgeschichte umgeschrieben werden. Schon die Neandertaler kannten den Schnellkochtopf und den Vierflammenherd. Es ist jetzt sogar denkbar, dass die Dinosaurier nicht durch einen Meteoriteneinschlag oder durch die Klimaveränderung ausgerottet wurden, sondern weil der Mensch sie gegrillt und aufgegessen hat. Mit Sicherheit ist aber der Urknall auf das unsachgemäße Hantieren mit Feuerwerkskörpern zurückzuführen.

Frage 62

Müssen Asylbewerber sächsisch sprechen können?

Die CDU in Sachsen will die Zuwanderungspolitik auf den Prüfstand stellen. Eine Expertenkommission, die aus lauter Experten besteht, wird den Prüfstand betreiben. Damit reagiert die CDU auf Forderungen, die so nie gestellt wurden. Die Kommission legt jetzt fest, wer Asylant, Flüchtling, Zuwanderer, Sozialschmarotzer oder Parasit ist. Die betreffenden Personen werden deutlich gekennzeichnet, damit Abschiebungen in Zukunft schneller über die Bühne gehen können. Die Kommission soll den Namen »Sachsenhammer« tragen und entscheiden, wen man gebrauchen kann und wer ausgemustert wird. Kritiker weisen darauf hin, dass Deutschland vor 25 Jahren über 16 Millionen Wirtschaftsflüchtlinge ohne Überprüfung aufgenommen hat. Auch die wird sich die Sachsenkommission genau anschauen und gegebenenfalls ausweisen lassen. Außerdem formuliert die Sachsenexpertenkommission, welche Anforderungen Ausländer erfüllen müssen, um als Asylanten anerkannt zu werden. Sie müssen akzentfrei Deutsch und Sächsisch sprechen, außerdem 250.000 Euro Startkapital mitbringen und sofort den sächsischen Behörden übergeben.

Frage 63

Hatten die Heiligen Drei Könige Geschenkgutscheine?

Wie wird man ungebetene oder missglückte Geschenke schnell und möglichst gewinnbringend los? Diese Frage treibt Millionen Bundesbürger in den Tagen nach Weihnachten um. Was tun mit dem Hund, der farblich nicht zur Couchgarnitur passt? Wie kriegt man bei eBay den Höchstpreis für das Fotobuch mit den scheußlichen Bildern von der vergangenen Bescherung? Wie wird man den Typen wieder los, den man versehentlich bei Parship.de angeklickt hatte? Darf man das Buch von Christian Wulff einfach ins Altpapier werfen? Tatsächlich ist Weihnachten zum Fest der ungewollten Geschenke geworden. Gerade junge Menschen sind entsetzt, wenn sie einen Gutschein für Bücher im Wert von 50 Euro bekommen. In solchen Fällen hilft ein Gutschein für einen Gutschein, damit kann man dann so gut wie nichts mehr falsch machen. Schon Jesus bekam Gold, Weihrauch und Myhrre ins Haus, bzw. in die Krippe geliefert, obwohl weder er noch seine Eltern es bestellt hatten. Umtausch war natürlich überhaupt nicht möglich und ein Gutschein für eine Kreuzfahrt wäre ja auch eher geschmacklos gewesen.

Frage 64

Hilft CarGlass gegen Wahlmüdigkeit?

Die SPD möchte, dass die Deutschen länger zur Wahl gehen können. Ein Wahltag ist für die meisten Bürger einfach zu kurz, um sich für die SPD zu entscheiden. Viele stehen völlig erschüttert vor dem Wahlzettel und kreuzen in ihrer Not einfach die Partei ganz oben an, deshalb gewinnt immer die CDU. Es soll außerdem mobile Wahllokale geben. Man kann in Einkaufszentren, bei Rewe, Lidl und Aldi und auch bei CarGlass oder Douglas wählen. Auf Wunsch kommt die Wahlurne ganz frisch ins Haus, entweder mit Bofrost oder dem Eismann. Natürlich soll auch das Angebot erweitert werden. Wenn die revolutionären Ideen der SPD umgesetzt werden, dann wird man nicht überall dasselbe wählen können. Je nach Anbieter bekommt man mehr Stimmen zum gleichen Preis oder kann sogar eine Partei abonnieren. So wird das Wählen noch attraktiver, bzw. es wird endlich richtig attraktiv. Vor allem muss man nicht die ganzen Wahlzettel hektisch in einer Nacht auswerten, sondern kann mal zwischendurch nachzählen. Dann können sich Parteien bei Bedarf auch mal ein paar Stimmen dazukaufen und die FDP wäre wieder sicher im Bundestag.

Frage 65

Hat Deutschland noch genug Saugkraft?

Auf Befehl der EU soll die Saugkraft von Staubsaugern drastisch reduziert werden. Jede Woche verschwindet in Deutschland Schmuck im Wert von 1,5 Millionen Euro in Staubsaugern und 60 Prozent aller als vermisst gemeldeten Personen wurden versehentlich beim Hausputz aufgesaugt. Unsere Staubsauger sind einfach zu stark. Deshalb darf ab 2017 ihre Leistung 900kw nicht mehr übersteigen. Das entspricht der Saugkraft eines Fünfjährigen auf einem Kindergeburtstag. Leider steht nicht jedem Haushalt ein Fünfjähriger zur Verfügung, denn das wäre die umweltfreundlichste Lösung. Der Staubsauger gilt als zweitbester Freund des Menschen. Er ernährt sich von dem, was in der Wohnung herumliegt und ist nicht wählerisch. Es werden immer mehr Anträge auf eine Sondergenehmigung zur Einfuhr von Zwergelefanten gestellt, von denen sich viele Verbraucher mehr Saugleistung versprechen. Auch Ameisenbären und Erdferkel sind nachgefragt, obwohl deren Saugkraft gering ist. Bei beiden handelt es sich immerhin um nachwachsende Haushaltsgeräte, wie sie der WWF schon lange fordert. Die meisten Staubsauger stammen aus Bodenhaltung, im Freiland werden sie vom aggressiven Laubsauger verdrängt, der zu allem Unglück auch noch über eine hohe Blaskraft verfügt. Laubsauger vermehren sich hemmungslos, ihr Brunftschrei ist noch in fünf Kilometer Entfernung zu hören und sie arbeiten mit einer Saugleistung von 10 Fünfjährigen oder 50 Erdferkeln, ohne dass die EU einschreitet.

Frage 66

Wie schlau darf ein Oberhemd sein?

Die Firma Ralph Lauren testet ein intelligentes Sweatshirt, das Fitness-Daten von Sportlern sammelt und dadurch ein effektiveres Training ermöglichen soll. Es ist auf das schärfste zu begrüßen, dass jetzt endlich auch Schwitzhemden intelligent werden, nachdem Autos, Kühlschränke und Häuser schon ziemlich viel auf dem Kasten haben. Wenn eines Tages Außerirdische die Erde besuchen, dann werden sie an die Kommandozentrale auf ihrem sterbenden Heimatplaneten berichten, dass sie mäßig intelligentes Leben, aber hochintelligente Sweatshirts gefunden haben. Intelligente Klamotten sind wirklich etwas, das wir dringend brauchen. Eine Krawatte, die spürt, dass uns gleich ein Malheur mit dem weichgekochten Ei passiert und sich selbst aus der Gefahrenzone bringt. Weiße Hemden, die sich passend verfärben, wenn man uns Schweinebraten in brauner Sauce serviert. T-Shirts, die uns auf Nachfrage erzählen, wo sie hergestellt wurden, wie alt die Kinderarbeiter waren und welche Gewinnspanne Ralph Lauren am Ende rausholt. Aber wahrscheinlich werden diese Sweatshirts viel zu intelligent sein, um uns die Wahrheit zu sagen.

Frage 67

Welcher Linientyp sind Sie?

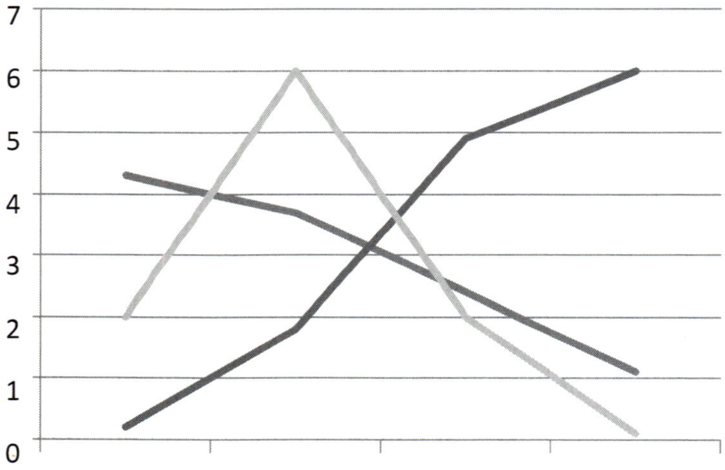

Entscheiden Sie sich spontan und bleiben Sie bei Ihrer Linie.

Frage 68

Haben wir zu wenig Müll?

In deutschen Haushalten fällt immer weniger Müll an. 2013 waren es pro Bürger drei Kilo weniger als 2012. Eine riesige Industrie ist darauf angewiesen, dass immer genügend Müll produziert wird: Verbrennungsanlagen, Müllabfuhren, Containerbetreiber, Mülltonnen- und Müllbeutelhersteller und die Unterhaltungselektronikbranche. Hier gab es klare Absprachen. Der Verbraucher erwarb ein Smartphone, ein Tablet oder Note-Book, behielt das Gerät ein Jahr lang, ohne jemals genau zu verstehen, wie es funktionierte und dann war es endlich veraltet und konnte entsorgt werden. Inzwischen werden viele Geräte, die älter als ein Jahr sind, dem Müllkreislauf vorsätzlich vorenthalten und einfach weiter benutzt, obwohl es längst neuere und unverständlichere Apparate gibt. Da selbst die Zahl der Scheidungen beständig sinkt, muss man davon ausgehen, dass die Bürger jetzt auch viel mehr Beziehungsmüll daheim lagern. Ehepartner, die früher einfach aus dem Haushalt entfernt wurden, werden jetzt noch Jahre weiterbenutzt, obwohl sie längst veraltet sind und neue Modelle zur Verfügung stünden.

Frage 69

Wie spät ist es?

Bei laufendem Motor darf ein Autofahrer nicht sein Handy in die Hand nehmen, um die Uhrzeit abzulesen. Das hat das pfälzische Oberlandesgericht Zweibrücken entschieden. Wer unbedingt nachgucken will, wie spät es auf seinem Mobiltelefon ist, muss den Motor ausschalten, auch wenn er gerade mit 180 Sachen auf der Überholspur unterwegs ist. Nur dann macht man sich nicht strafbar. Wer während der Fahrt in den Kofferraum klettert, um auf einer dort gelagerten Standuhr die Uhrzeit abzulesen macht sich grundsätzlich nicht strafbar, solange er nicht auf sein Handy guckt. Wer bei laufendem Motor einen Becher Kaffee in der Hand hält und auf seiner Armbanduhr nach der Uhrzeit schaut, macht sich ebenfalls nicht strafbar, sondern nur die Hose nass. Erlaubt ist es auch, sich die Uhrzeit aus dem Radio ansagen zu lassen, selbst wenn der Ansager sie von seinem Handy abliest. Wer während der Fahrt versucht, die Uhrzeit auf dem Handy eines neben ihm fahrenden Autofahrers abzulesen, darf ebenfalls nicht vom Oberlandesgericht Zweibrücken belangt werden, sondern verdient unsere Anerkennung für seine akrobatischen Fähigkeiten.

Frage 70

Kommen wir irgendwann alle dran?

Das Bundeskabinett hat an einem Tag drei wichtige Beschlüsse gefasst: die Maut kommt nach Deutschland, deutsche Ausbilder kommen in den Irak und gesetzlich Versicherte kommen innerhalb von vier Wochen beim Facharzt dran. Für das Erreichen dieses Ziels werden »Termin-Servicestellen« geschaffen, die dem Patienten schnellstmöglich einen Facharzttermin vermitteln. Auf den Termin bei der Termin-Servicestelle darf der Patient nicht länger als acht Wochen warten müssen, sonst kann er sich beim Termin-Servicestellen-Schiedsgericht beschweren, das zweimal jährlich tagt. Kommt der Termin beim Facharzt wider Erwarten zustande, dann muss er unter allen Umständen wahrgenommen werden, auch wenn der Facharzt 400 Kilometer entfernt wohnt oder wenn man in der Wartezeit wieder gesund geworden ist. Dem Patienten steht dann eine Anschlusskrankheit zu, die der Facharzt diagnostizieren muss. Kann die Termin-Service-Stelle keinen Termin vereinbaren, steht dem Patienten eine OP an einem Körperteil seiner Wahl zu. Ist der Patient in der Wartezeit verstorben, können die Erben den Facharzttermin bei eBay versteigern.

Frage 71

Können Vögel den Zusammenbruch des Euro riechen?

Deutschlands Vögel bekommen immer weniger Kinder. Das zeigt eine Studie des Bundesamtes für Naturschutz zur Lage der Vögel. Die Zahlen sind erschütternd, obwohl Vögel umfangreiche staatliche Anreize zur Brut erhalten. Regelmäßig werden viele Quadratkilometer wertvollsten Baulands als Naturschutzgebiet ausgewiesen, doch die Vögel nehmen das Brutangebot nicht an. Viele bauen ihre Nester in der Nähe von Autobahnen und Bundesstraßen, weil dort die Infrastruktur einfach besser ist. Vertreter der Wirtschaft erklärten, der Brutrückgang sei ein ernstes Warnsignal und ein Hinweis auf den bevorstehenden Konjunktureinbruch. Vögel verfügen über feine Sensoren und spüren Dinge, von denen der Mensch nichts ahnt. Ihr Magnetsinn warnt sie vor einem Verfall des Euro und der dadurch ausbleibenden Versorgung in deutschen Futterhäuschen. Eichhörnchen, die streng genommen keine Vögel sind, aber sich von Vögeln ernähren und daher auch gut Bescheid wissen, legen im Moment besonders große Vorräte an, mit denen sie mindestens zwanzig Jahre schwarzrote Misswirtschaft überstehen können.

Frage 72

Gibt es deutsche Kindersoldaten?

Die Bundeswehr wirbt verstärkt um Minderjährige. Ziel ist die verantwortungsvolle Ausbildung von Kindersoldaten, die im Verteidigungsfall den Gegner das Fürchten lehren sollen. Selbstverständlich unter Einhaltung der Jugendschutzbestimmungen, also keine Nachtmärsche, kein Alkohol nach 22.00 Uhr und begleitetes Panzerfahren. Was unter Thomas de Mazière begonnen wurde, will Ursula von der Leyen jetzt systematisch vorantreiben. Dazu passt natürlich das Konzept der Bundeswehr als familienfreundlicher Arbeitgeber. Nur geht es nicht in erster Linie darum, dass der Nachwuchs der Bundeswehrangehörigen angemessen betreut wird, sondern dass die Eltern mit ihren Kindersoldaten in derselben Kaserne untergebracht sind. Sie können dann im Ernstfall auch Entschuldigungen unterschreiben: »Kevin leidet an starkem Durchfall und kann daher leider nicht am Syrien-Feldzug teilnehmen. Wir bitten, dies zu entschuldigen.« Im Gegenzug kann aber auch die Bundeswehr sehr rasch Missverständnisse aufklären: »Sehr geehrte Familie Müller, wir bedauern, dass Ihre Tochter Sophie an einer Lebensmittelallergie leidet, doch sie muss trotzdem an der Grundausbildung teilnehmen. Sie wird dort nämlich an der Schusswaffe ausgebildet und nicht, wie Sie irrtümlich glauben, an der Nusswaffe. Selbstverständlich sind aber alle unsere Gewehre mit dem Warnhinweis versehen: Vorsicht, kann Spuren von Schüssen enthalten.«

Frage 73

Müssen Ausländer zuhause ausländisch sprechen dürfen?

Ausländer sollen zuhause deutsch sprechen. Und im öffentlichen Raum. Das verlangt die bayerische Splitterpartei CSU und man muss sich fragen, warum diese Forderung erst jetzt gestellt wurde. Es ist ja wirklich voll krass, was Ausländer zuhause für ein Kauderwelsch reden, vom öffentlichen Raum ganz zu schweigen. Höchste Zeit, dass da jemand einschreitet, und sympathisch, dass es eine Partei wagt, in der die meisten Mitglieder des Deutschen nur unter großer Selbstüberwindung mächtig sind. Aber sie versuchen es wenigstens. Dagegen sprechen über 99 Prozent der Ausländer zuhause nur ausländisch oder völlig unverständliches Zeug. Man weiß, dass Horst Seehofer ein Freund klarer Worte ist, allerdings weiß man wenig darüber, welche Sprache er zuhause benutzt. Denn das ist ja das Problem, wie soll man überprüfen, ob diese verschlagenen Ausländer nicht doch daheim ihren gutturalen Urlauten huldigen, obwohl sie behaupten: »Ikk sprekk doitz in Wonzimmr«. Es muss regelmäßige Kontrollen geben, die Ausländer müssen in ein Deutschmessgerät blasen, das den Deutschgehalt ihrer Atemluft misst. Liegt er unter 90 Prozent, haben sie zu wenig Deutsch im Blut und ihnen wird die Aufenthaltserlaubnis entzogen.

Frage 74

Kommt die Sprachdiktatur jetzt doch nicht?

Nach massiver Kritik hat die CSU ihre Pläne zur Errichtung einer Sprachdiktatur leider aufgegeben und bittet nun: »Wer dauerhaft hier leben will, soll motiviert werden, im täglichen Leben deutsch zu reden«. Also Motivation statt Integration. Oder Integration durch Motivation. Aber wie sollte man jemand motivieren, deutsch zu sprechen? Eine Form der Motivation könnte sein, dass sich der oder die Undeutsche einmal in der Woche Reden von bayerischen Politikern anhören muss, da wird er von ganz alleine motiviert, lieber Deutsch zu sprechen. Auf jeden Fall schafft die CSU-Initiative Arbeitsplätze. Motivationsbeauftragte legen Motivationsrechenschaftsberichte vor. Es finden Motivationsgipfel statt. Mobile Motivationskommandos patrouillieren durch die Straßen und motivieren die unmotivierten Ausländer: »Hey, red mal Deutsch, Muchacho«! Bei Rewe an der Kasse erhält der Undeutsche die doppelte Menge Treuepunkte, wenn er auf Deutsch bezahlt. Und bei der Lufthansa gibt es den Hinweis: »Dies ist ein deutschsprachiger Nichtraucherflug. Bitte bleiben Sie angeschnallt, bis wir unsere endgültige Präposition erreicht haben«.

Frage 75

Hat der Ball im vollen Umfang die Torlinie überschritten?

Die Torlinientechnik kommt. Eine Nachricht, über die sich die torlinientechnikerzeugende Industrie besonders freuen wird. Endlich wird man genau wissen, ob der Ball drin war oder nicht. Der Schiedsrichter muss nicht mehr hingucken, er bekommt nach spätestens einer Sekunde ein akustisches Signal. Sollte die Technik ausfallen, hat der Unparteiische eine Dose Torlinienspray, das sprüht er hinter die Torlinie und wenn es sich rot verfärbt, war der Ball drin. Hätte man diese fantastischen Hilfsmittel schon damals in Wembley gehabt, dann wären wir 2014 zum 5. Mal Weltmeister geworden. Natürlich muss jetzt zügig der Videobeweis eingeführt werden, damit ein Spiel möglichst häufig für ein paar Filmeinspielungen unterbrochen werden kann, mit freundlicher Unterstützung des Hauptsponsors: »Dieser Videobeweis wurde Ihnen präsentiert von Seitenbacher Müsli.« Natürlich braucht man dann auch einen Spielpsychologen, der feststellt, ob ein Foul im Affekt, aus Heimtücke oder auf Grund einer bipolaren Störung begangen wurde. Der überführte Täter muss dann bis zum Schlusspfiff in einer Zwangsjacke spielen.

Frage 76

Müssen Makler irgendetwas wissen?

Union und SPD wollen den Sachkundenachweis für Makler einführen. Der Makler muss mindestens fünfzig Kunden nennen können, die er mal über den Tisch gezogen, dazu noch zehn weitere, die er nach allen Regeln der Kunst (noch festzulegen) eingeseift hat. Anschließend muss der Makler einem Sachkundeprüfer vorführen, wie er per Telefon eine Wohnung vermittelt, die weder er noch der Kunde gesehen haben. Dann kann man natürlich verschiedene Maklerscheine vergeben. Mit Klasse Drei darf man Reihenhäuser, Doppelhäuser und freistehende Einfamilienhäuser vermieten oder verkaufen. Wenn noch eine Garage oder ein Geräteschuppen dazu kommt, braucht man eine Zusatzgenehmigung. Für richtig große und schwere oder sehr lange Häuser muss der Maklerschein Klasse 2 her. Das klingt alles sehr gut, doch man sollte bedenken, dass es im Moment bereits mehr Makler als freie Wohnungen oder Häuser gibt. Viele haben keine Ahnung und vor allem keinen Wohnsitz, sondern leben in den Objekten, bis sie vermakelt sind. Durch den nicht erbrachten Sachkundenachweis würden diese Makler wohnungslos werden und damit die Wohnungsnot noch vergrößern.

Frage 77

Sind unsere Schulen bereit für die Zukunft?

Deutschen Schülern fehlt Computer-Kompetenz. Die besten Leistungen wurden im Anklicken, Liken und Whatsappen erbracht, aber nur 0,04 Prozent der Schüler sind in der Lage, sich in den Mail-Account ihres Klassenlehrers zu hacken, um ihm pornographische Bilder zu schicken, sein Konto zu leeren oder die Lösungen von Tests vorab einzusehen. Selbst an so genannten Elite-Gymnasien gibt es kaum jemand, der die Homepage des Instituts kapern könnte, um dort links- oder rechtradikales Gedankengut zu verbreiten. Statt mit Digital Natives hat man es mit Digital Naives zu tun, die eine Tafel für einen Touch-Screen halten. In anderen Ländern sind herkömmliche Schulen längst abgeschafft, Schüler und Lehrer wurden durch Avatare ersetzt. Sitzenbleiben muss dort niemand mehr, jeder Schüler hat genau zwei Leben, danach wird er gelöscht. Das fördert die Lernbereitschaft. In Deutschland halten 77 Prozent der Elftklässler IT für ein Erfrischungsgetränk. Kein Wunder, verfügen doch die meisten Schulen nur über einen Computer, der an Werktagen aber ausschließlich in der Mittagspause und nach 17:00 Uhr benutzt werden kann, weil ihn sonst die Sekretärin braucht.

Frage 78

Ist Deutschland immer noch geteilt?

Frage 79

Wieviel verträgt der Mensch?

Schon vor zehn Millionen Jahren sollen Vorfahren des Menschen Alkohol konsumiert haben. Zumindest war ihr Körper in der Lage, den Stoff abzubauen. Das haben amerikanische Forscher im Selbstversuch und nach umfangreichen Studien herausgefunden. Unsere Vorfahren tranken noch aus ganz klobigen, riesenhaften Flaschen, denn am Anfang war ja immer alles ganz groß und unförmig, wie der Dinosaurier, das Riesenfaultier oder das Bakelittelefon. Es gab auch nur Riesenbierdeckel, auf denen man ungeheure Mengen anschreiben lassen konnte. Man muss davon ausgehen, dass unsere Vorfahren ziemlich breit waren. Gläser kannte der Homo Alkoholicus nicht, geschweige denn Korkenzieher, Bembel oder Kopfschmerztabletten. Die Fähigkeit, Alkohol zu verarbeiten war ein entscheidender evolutionärer Vorteil, denn andere Arten wie das Mammut, der Säbelzahntiger oder das Masthodon vertrugen überhaupt nichts und sind deshalb zu Recht ausgestorben. Alkohol beförderte die Paarungsbereitschaft, allerdings nicht immer die Paarungsfähigkeit der ersten Menschen, häufig ging auch die Gabe des aufrechten Ganges für Tage verloren.

Frage 80

War Hitler ein V-Mann des Mossad?

Bund und Länder wollen eine zentrale V-Mann-Datei aufbauen, damit sie endlich wissen, wer, wo, für wen und für wie viel als Spitzel arbeitet. Auf diesem Gebiet hatten die Behörden komplett den Überblick verloren und waren auf Mutmaßungen angewiesen. So sollen etwa 90 Prozent aller NPD-Mitglieder staatlich bezahlte V-Männer sein. Bei der AfD ist die Lage noch verworrener, doch es besteht der Verdacht, dass bis auf Bernd Lucke, Hans-Olaf Henkel und Beatrix von Storch alle AfD-Mitglieder für den Verfassungsschutz tätig sind. Auch für die Linke gibt es noch keine verlässlichen Zahlen, doch ist es durchaus sehr wahrscheinlich, dass die 92 Prozent der Linken, die der Stasi angehörten vom Verfassungsschutz übernommen wurden. Die Gerüchte beweisen, wie dringend notwendig eine zentrale Datei ist, damit es in Zukunft auch noch ein paar freiberufliche Extremisten gibt und nicht alle beim Staat angestellt sind, ohne dass der Staat davon weiß. Der Aufbau der Datei ist natürlich streng geheim und wird von Datei-Spezialisten durchgeführt, die von V-Leuten überwacht werden, deren Namen aber nicht in der Datei auftauchen dürfen.

Frage 81

Ist das Leben ein Glücksspiel?

Die Deutschen haben im vergangenen Jahr 70 Milliarden Euro für Glücksspiele ausgegeben, wobei Experten wetten, dass die Dunkelziffer noch viel höher ist. Die Umsätze aus illegalen Glücksspielen wie Hunderennen, Fröscheaufblasen und Hahnenkämpfe wurden beispielsweise nicht eingerechnet. Als klassische Glücksspiele gelten Lotto, Toto, Poker und Roulette, doch Forscher untersuchen längst ganz andere Methoden, um Geld zu verzocken. Das allgemein wohl beliebteste aber auch riskanteste Glücksspiel ist die Ehe. Die Chancen stehen angeblich 50:50, doch je länger man dabei ist, umso höher werden die Einsätze, und verliert man die Ehe, sind oft üppige Strafzahlungen fällig. Wer sich auf eine Ehe einlässt, neigt häufig auch zu anderen bedenklichen Glücksspielen wie Immobilienkauf und Familiengründung. Beides kann einen Spieler komplett ruinieren, obwohl es völlig legal ist und teilweise staatlich gefördert wird. Am gefährlichsten ist aber das so genannte Parteienlotto, auch unter dem Namen Bundestagswahl bekannt. Hier kann man neben Geld und Nerven am Ende auch den Glauben an die Menschheit verlieren.

Frage 82

Was ist eigentlich in diesen Chicken McNuggets drin?

Einem bösartigen Gerücht zufolge bestehen Chicken McNuggets überwiegend aus rosa Schleim. McDonald's will dieser Unterstellung entgegentreten und hat Biologen, Atomphysiker und Philosophen damit beauftragt, das Innere und Äußere der Nuggets zu analysieren. Die Untersuchungen sind noch nicht ganz abgeschlossen, aber ein erfreuliches Fazit lässt sich bereits ziehen. Chicken McNuggets sind nicht lebensbedrohlich, jedenfalls nicht sofort, und vor allem nicht, wenn man auf die richtige Dosierung achtet. Man sollte am Tag nie mehr als 49 Chicken McNuggets essen, sonst kann man an einer Artherienpanadisierung sterben. Die inneren Organe werden paniert, es kommt zu einem Panadeschock. Das passiert aber nur, wenn man über einen Zeitraum von zwei Monaten täglich mehr als 49 Chicken McNuggets einnimmt. Das muss man auch gar nicht, denn schon 24 Chicken McNuggets decken den Tagesbedarf eines Erwachsenen an frittierter Fleischmasse. Doch die wissenschaftlichen Tests förderten auch ein schockierendes Ergebnis zutage: Direkt unter der leckeren Chicken McNuggets-Panade fanden sich erhebliche Spuren von toten Hühnern.

Frage 83

Warum ändern sich die Benzinpreise ständig?

Die Markttransparentstelle hat drei Monate lang Deutschlands Tankstellen beobachtet und da fragt man sich doch unwillkürlich: wie sieht eigentlich der Alltag eines Tankstellenbeobachters aus? Tankstellen befinden sich oft in unwirtlichen Gewerbegebieten oder an viel frequentierten Ausfallstraßen, es ist nicht gerade angenehm, sich dort auf die Lauer zu legen. Wichtig scheint, dass die Tankstelle den Beobachter nicht bemerkt, sonst wird sie scheu und macht dicht. Die Wissenschaftler waren immer wieder überrascht vom raffinierten Balzverhalten der Anlagen. Die Tankstelle versucht den ganzen Tag, Autofahrer anzulocken. Hält ein Autofahrer neben einer Tanksäule, greift er zum Tankschlauch, steckt den Tankrüssel in die dazu passende Öffnung seines Autos, und es ergießt sich eine Flüssigkeit in den Tank des Fahrzeugs. Zwischen 18:00 und 20:00 Uhr werden die meisten Autos angelockt. Dazu bedient sich die Tankstelle eines Tricks: sie senkt die Preise und erscheint dem Sexualpartner dadurch attraktiver. Was die Tankstellen damit bezwecken, haben die Wissenschaftler noch nicht herausgefunden.

Frage 84

Ist die Frauenquote evolutionär durchsetzbar?

In der Nähe von Garmisch-Partenkirchen löste sich ein riesiger Felsbrocken und stürzte zu Tal, am Timmendorfer Strand zerstörte eine Monsterwelle mehrere Sandburgen, in Nörten-Hardenberg kippte ein LKW um, der mit Schmierseife beladen war. Deutschland drohte im Chaos zu versinken, nachdem die schwarzrote Koalition die Frauenquote beschlossen hatte. Das sind natürlich nur Vorboten der Katastrophen, die unser Land zwangsläufig heimsuchen werden. Es muss mit Toten und Verletzten gerechnet werden, die Frauenquote wird mehr Opfer in Deutschland fordern, als Ebola und Vogelgrippe zusammen. Der Bundesverband Deutscher Unternehmer warnte vor einem wirtschaftlichen Zusammenbruch, denn eine Quote von 30 Prozent Frauen in Aufsichtsräten ist widernatürlich. Deutschland hat außerdem gar nicht genügend Aufsichtsrätinnen, die müssen erst aus Billigaufsichtsratsländern eingeführt werden. Der Industrieverband BDI verlangte, dass die Frauen, den von ihnen verursachten Schaden wiedergutmachen müssten und forderte die Einführung eines Quotensolidaritätsbeitrags für weibliche Führungskräfte.

Frage 85

Wie viele Doppel-Whopper braucht der Mensch?

Droht Deutschland eine Hamburger Knappheit? Fast neunzig Burger-King-Filialen sollen bereits geschlossen sein oder in Kürze schließen. Gesundheitsexperten warnen vor massiven Mangelerscheinungen. Der Cheeseburger-Tagesbedarf eines Erwachsenen liegt bei etwa 1,1 Kilogramm Käsefrikadellenmasse. Das entspricht etwa zehn Cheeseburgern oder sieben Double Cheeseburgern oder drei Doppel-Whoppern. Angesehene Lebensmittelwissenschaftler stufen Burger-King-Produkte als beinahe vollwertigen Nahrungsersatz ein. Viele Jugendliche kommen durch Hamburger zum ersten Mal mit Salatblättern und Wassertomatenscheiben in Berührung. Damit geht vom Hamburgerverzehr tatsächlich eine erzieherische Wirkung aus. Auch die kulturelle Bedeutung vieler Burger-King-Zentren ist nach Ansicht von Soziologen nicht zu unterschätzen, allerdings auch nicht zu überschätzen. Die Frage ist, was geschieht mit den Vorräten in den geschlossenen Burger-King-Filialen? Hier existiert immerhin ein Aktionsplan des Umweltministeriums. Nicht verbrauchte Hamburger Rohlinge sollen in Gorleben zwischengelagert und später bei McDonald's wiederaufbereitet werden.

Frage 86

Sind Waschstraßen besser als Portalanlagen?

Waschstraßen reinigen Autos besser als so genannte Portalanlagen. Das hat ein Test ergeben. Wer sich informieren möchte, sollte den ADAC-Waschstraßenatlas Deutschland/Europa kaufen. Wichtig: eine Waschstraße kostet immer Mautgebühren, die zwischen acht und fünfzehn Euro schwanken können. Die Waschstraße ist die einzige Straße, auf der ein absolutes Bremsverbot herrscht. Trotzdem darf man nicht mit 200 Sachen durchrauschen, denn es gilt eine strikte Geschwindigkeitsbegrenzung von 1 km/h, obwohl kaum eine Waschstraße überhaupt einen Kilometer lang ist. Von dem gemächlichen Tempo sollte sich der Autofahrer keineswegs einschläfern lassen, sondern immer auf der Hut sein. In praktisch jeder Waschstraße springt einem plötzlich ein Mann mit einem Hochdruckreiniger direkt vor die Kühlerhaube und fängt an, herumzuspritzen. Landschaftlich haben Waschstraßen wenig zu bieten, außerdem regnet es dort immer. Dafür kann man sich wegen der rotierenden Bürsten in irren Farben das Geld für Drogen sparen. Wenn einem in der Waschstraße ein Auto entgegen kommt, muss man sofort rechts ranfahren und die Warnblinkanlage einschalten.

Frage 87

Gilt Luxemburg als Schurkenstaat?

Luxemburg hat sich Firmen aus aller Welt als Steueroase angeboten. Diese besonders abscheuliche Form der gewerblichen Prostitution soll nicht folgenlos bleiben. Das forderten Abgeordnete der SPD und der Grünen, deren Parteien diese Form der Prostitution legitimiert hatten. Allerdings hätten sie nie erwartet, dass irgendjemand von den Steuersparpraktiken Gebrauch macht. Luxemburg soll als Staat zerschlagen und unter die angrenzenden Länder aufgeteilt werden. Wem die meisten Steuereinnahmen entgangen sind, der erhält den größten Teil von Luxemburg. Jean-Claude Juncker wird seines Amtes als Kommissionspräsident enthoben und muss sich vor dem Europäischen Gerichtshof für seine Greueltaten verantworten. Ihm wird Missbrauch von Zwergstaaten, Hehlerei, Verführung von Geldabhängigen, sowie Amtsanmaßung und Rufschädigung vorgeworfen. Juncker führte in der schlimmen Zeit eine zu allem entschlossene Steuerbefreiungsarmee an, die als besonders brutal galt und wahrscheinlich noch immer das ganze Land im Griff hat. Der amerikanische Präsident will zeitnah über Luftschläge gegen die Steueroasenmachthaber entscheiden.

Frage 88

Will der Storch ein Kalifat in Deutschland errichten?

Jedes Frühjahr kehren mehr Störche nach Deutschland zurück. Diese durchaus erfreulich klingende Meldung hat aber auch ihre Schattenseiten. Die Tiere kommen aus den Winterquartieren in Spanien und Nordafrika und wollen sich auf Kosten des deutschen Steuerzahlers durchfuttern. Man muss es ganz klar zum Ausdruck bringen, es handelt sich bei diesen Störchen um Wirtschaftsflüchtlinge. Es versteht sich von selbst, dass Deutschland nicht das Weltsozialamt für Zugvögel sein kann. Die Tiere kommen hier in den Genuss umfangreicher Schutzgebiete und profitieren von teuren Hilfsprogrammen, von denen standorttreue deutsche Vögel nur träumen können. Als Gegenleistung bringt der Storch noch nicht mal mehr Kinder. Sicher gibt es auch politisch verfolgte Störche, denen wir Asyl gewähren sollten. Doch niemand weiß, wie hoch der Anteil muslimischer Vögel ist. Die Neigung zu islamischem Gedankengut ist latent vorhanden, man denke nur an den Kalif Storch. In Dresden will man bei künftigen Demonstrationen auf die Storchenproblematik hinweisen, schließlich steht Pegida für Patriotische Europäer gegen die Islamisierung des Adebars.

Frage 89

Müssen wir uns von den blöden Keimen wirklich alles bieten lassen?

Die Lage ist ernst und deshalb setzt der Bundesgesundheitsminister seine schärfste Waffe gegen die mörderischen Krankenhauskeime ein: den Zehn-Punkte-Plan. Ein mutiger Schritt! Kein schlapper Fünf-Punkte-Plan oder verwirrender Sieben-Punkte-Plan oder gar ein sinnloser 87-Punkte-Plan. Der Minister geht entschlossen zur Sache und rückt den Keimen mit der brutalen Kraft der Zehn Punkte zu Leibe. Aus Keimkreisen kam bereits Kritik, diese Maßnahme sei unmenschlich, ein Zehn-Punkte-Plan dürfe immer nur das letzte Mittel sein. Vor zwei Jahren hatte Ilse Aigner einen Zehn-Punkte-Plan gegen Pferdefleisch in Bioeiern auf den Weg gebracht. Mit Erfolg, seitdem konnte kein Pferdefleisch in Bioeiern nachgewiesen werden. Ein ähnliches Ergebnis erhofft sich der Gesundheitsminister. Er benutzt aber einen anderen Zehn-Punkte-Plan als Aigner, denn der Pferdefleischanteil in Krankenhauskeimen ist verschwindend gering. Ein Sprecher des Ministeriums erklärte, wenn sich die Keime freiwillig aus den Krankenhäusern zurückzögen, werde der Zehn-Punkte-Plan nicht scharf gemacht und es gebe kein Blutvergießen.

Frage 90

Gibt es Saurier so groß wie das Saarland?

Argentinische Forscher haben die Knochen des größten Dinosauriers aller Zeiten entdeckt. Der Titanosaurus war 40 Meter lang und wog 77 Tonnen, so viel wie 14 afrikanische Elefanten, meldet die BBC. Elefanten sind neben dem Saarland die wichtigste Vergleichsgröße der Wissenschaft. Der Elefantenvergleich macht die Saurierforschung in Argentinien sehr kostspielig. Die verantwortlichen Behörden fragen, warum die Forscher keinen Vergleich mit einheimischen Tieren vornehmen können, also mit Ameisenbären oder Gürteltieren. Aber die Forscher bestehen auf Elefanten, weil sie wissen, dass es albern klingen würde, wenn sie einen Saurier entdeckt hätten, der so viel wiegt wie 3100 Gürteltiere. Die Vergleichselefanten kommen per Schiff nach Argentinien. In der Zwischenzeit können die Forscher weitergraben und eine Halle aufbauen mit dem genauen Rauminhalt eines Titanosaurus. Da werden dann so viele Elefanten reingetrieben, bis die Halle voll ist. Diesmal waren es 14 Elefanten, doch eines Tages wird man einen Saurier entdecken, der so groß ist wie das Saarland. Aber wie transportiert man das nach Argentinien?

Frage 91

Wie sollen wir unser Schicksal tragen?

Die EU kämpft eine aussichtslose Schlacht gegen Plastiktüten, denn es gibt längst mehr Plastiktüten als Europäer. Mehr Plastiktüten als EU-Beamten gibt es sowieso, wobei noch nicht mal ein Plastiktütenkampfkommissar existiert. Plastiktüten sind doch wie das Internet, wir können ihnen nicht entrinnen, Plastiktüten bewahren alles auf, was man in sie reinfüllt, genau wie das vermaledeite Internet. Viele EU-Beamte schleppen sogar die 5000seitige Kampfschrift wider die Plastiktüte in einer Plastiktüte aus dem Europaparlament. Einfache Gemüter schlagen vor, für jede Plastiktüte Geld zu verlangen. Dadurch haben die Iren den Plastiktütenverbrauch um 90 Prozent gesenkt. Aber das wäre nun wirklich zu simpel. Darauf hätte ja jeder kommen können. Lieber will man den Tütenverbrauch schrittweise senken. Zuerst wird die 100-Kilowatt-Tüte verboten und die Energiespartüte eingeführt. Bis 2030 will man die Tragleistung jeder Tüte halbieren und 2050 kommt das EU-weite Rauchverbot in allen Plastiktüten.

Frage 92

Kann man das Geschäftsklima wirklich messen?

Das Ifo-Institut misst unermüdlich die Stimmung in der Deutschen Wirtschaft. Das müssen sehr feine und hochempfindliche Instrumente sein, mit denen man so etwas messen kann. Es sind nämlich ungeheuer sensible Burschen da, in der deutschen Wirtschaft, denen wird die Laune ganz leicht mal durch ein bisschen Ebola, Frauenquote oder einen simplen Flugzeugabsturz verdorben. Und wenn die in der Wirtschaft so richtig schlecht drauf sind, dann lassen die sich total gehen, bzw. die lassen andere gehen, kürzen die Löhne, machen im Fernsehen bedenkliche Gesichter und blicken pessimistisch in die Zukunft. Und irgendwann sagen die im Vorstand bei Mercedes: wir haben keinen Bock mehr, baut euch eure C-Klasse doch selber. Damit das nie passiert, gibt es die fantastischen Ifo-Geschäftsklima-Messgeräte. Die melden rechtzeitig, wenn die Wirtschaft finster drauf kommt und dann kann die Regierung gegensteuern. Mit richtig harten Drogen, wie Steuererleichterungen, Subventionen und Verbot der Frauenquote. Da werden die in der Wirtschaft wieder richtig euphorisch. Aber das ist nicht ganz ungefährlich, denn diese Drogen machen praktisch sofort abhängig.

Frage 93

Sind Manager Verbrecher?

Nach der Verurteilung von Thomas Middelhoff empfehlen Juristen, grundsätzlich alle Manager, Aufsichtsrats- und Vorstandsvorsitzenden so schnell wie möglich hinter Gitter zu bringen, weil sie irgendwann sowieso dort landen. Es wäre für alle Beteiligten sehr viel unkomplizierter und für den Steuerzahler billiger, wenn ein Manager gleich nach seiner Einstellung zunächst mal in eine JVA in der Nähe seiner Arbeitsstelle kommt. Er kann sich dann selbstverständlich durch ehrliche und vor allem juristisch einwandfreie Tätigkeiten quasi Stück für Stück aus dem Gefängnis herausarbeiten. Nach einem Jahr erhält er den Freigängerstatus und nach weiteren zwei Jahren wird er dann auf Bewährung entlassen und darf draußen in Freiheit arbeiten, natürlich unter massiven Auflagen. Ein wöchentliches Gespräch mit seinem Bewährungshelfer gehört genauso dazu, wie die positive Beurteilung eines Suchtberaters, der feststellen muss, ob der Manager seine Geld- und Boni-Abhängigkeit auch wirklich im Griff hat. Fallen die sozialen Prognosen insgesamt positiv aus, kann man darüber nachdenken, den Manager vollständig in die Gesellschaft einzugliedern. Es wird erwogen, ob man nicht auch alle luxemburgischen Politiker ähnlich behandeln sollte, schon allein, um sie aus dem kriminellen Umfeld herauszulösen, in dem sie sich in Luxemburg zwangsläufig bewegen.

Frage 94

Wie groß ist der Anteil von Idioten, die immer dann unterwegs sind, wenn man es besonders eilig hat?

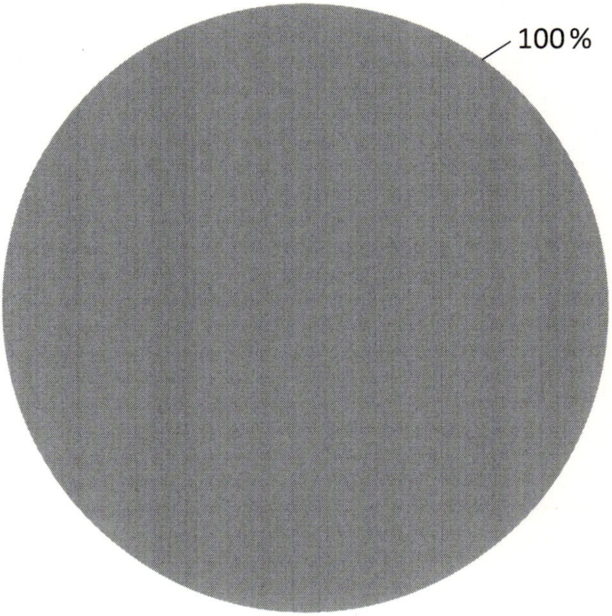

Frage 95

Kann man Deutschland gern haben?

Deutschland ist die beliebteste Nation der Welt. Eine beliebtere Nation gibt es überhaupt nicht. Und das trotz Andrea Nahles, Alexander Dobrindt oder Horst Seehofer. 20.000 Menschen in 20 Ländern wurden befragt und die meisten mochten Deutschland am liebsten. Noch lieber als die USA, Großbritannien, Frankreich oder Japan. Im Ausland kennt man nur die deutsche Fußballnationalmannschaft und Merkel, von Alexander Dobrindt und Horst Seehofer hat man dort noch nichts gehört. Hätte man 1945 die gleiche Umfrage gemacht, wäre das Ergebnis vermutlich ganz anders ausgefallen, denn die deutsche Fußballnationalmannschaft war damals nicht besonders erfolgreich und Angela Merkel noch nicht mal geboren. Alle lieben Deutschland, das ist für uns ein ungewohnter Zustand, denn Deutschland ist nicht dazu da, geliebt zu werden, Deutschland will gar nicht geliebt werden. Man kann Deutschland bewundern, verehren oder auch hassen, aber Liebe ist uns unheimlich. Die meisten Deutschen glauben, die Ausländer tun nur so, als ob sie Deutschland lieben, damit wir sie hier rein lassen. Aber da müssen sie erstmal die Ausländermaut bezahlen.

Frage 96

Welches intelligente Leben könnte ein Meteorit hierzulande auslöschen?

Am Montag wurde die Erde von einem Asteroiden gestreift, vielleicht sogar getroffen. Der 2004 BL86 hatte einen Durchmesser von gut einem halben Kilometer und ist unbewohnt. Der Ring Deutscher Makler wollte das Bauerwartungsland in Besitz nehmen und zu günstigen Preisen an Familien verkaufen. Doch auch Russland und die Ukraine erheben Anspruch auf den Asteroiden. Der TÜV-Rheinland hat davor gewarnt, sich zu weit aus dem Fenster zu lehnen. Auch der Aufenthalt auf Berggipfeln, Dachgärten oder Aussichtstürmen ist riskant. Niemand sollte auf die oberste Stufe einer Haushaltsleiter steigen, so lange der Himmelskörper an der Erde vorbeifliegt. Falls demnächst ein Asteroid auf der Erde einschlägt, bittet die Bundesregierung, die Bevölkerung Ruhe zu bewahren. Die Aktienmärkte könnten eine deutliche Erschütterung spüren und der Euro würde stark einbrechen. Alexander Dobrindt erklärte, falls der Bolide die Autobahn benutze, werde eine Mautgebühr in kosmischer Höhe fällig. Die Mitglieder der Regierung wollen sich an geheimen Orten in Sicherheit bringen, damit der Gesteinsbrocken nicht das gesamte politische Leben vernichten kann. Sigmar Gabriel will sich in seiner Eigenschaft als Vizekanzler und Wirtschaftsminister sogar an zwei Orten gleichzeitig verstecken.

Frage 97

Sind Nandus tatsächlich flugunfähig oder bloß flugunwillig?

Die Bestände von Spatz, Lerche und Star nehmen ab, aber Rotkehlchen, Blaumeise und Kohlmeise sind zahlreicher geworden. Der Verbraucher greift also verstärkt zu farbenfrohen Vögeln. Goldammer, Grünspecht und Blauracke könnten auch von diesem Trend profitieren, doch auch der unansehnliche Nandu erweitert überraschenderweise sein Territorium. Zurzeit trifft man ihn hauptsächlich in Mecklenburg-Vorpommern an, wo einige Tiere aus einem Nandu-Mastbetrieb ausbrechen konnten und inzwischen eine stabile Population aufgebaut haben. Der Nandu ist ein flugunfähiger Vogel aus Südamerika. Wie er es überhaupt nach Mecklenburg Vorpommern geschafft hat, ist für Ornithologen ein Rätsel. Der Nandu gilt als Allesfresser, das heißt, er frisst alles, was er findet. Was er nicht findet, frisst er dagegen nicht. Zur besseren Verdauung nimmt er auch öfters Steine zu sich, das könnte eine Erklärung für seine Flugunfähigkeit sein. Ein Sprecher des WWF erklärte, die Entwicklung gehe weltweit eindeutig zu flugunfähigen Vögeln, die schlecht singen können. Der Nandu ist übrigens auch das Wappentier des Berliner Hauptstadtflughafens.

Frage 98

Werden wir eines Tages in Kürbissen wohnen?

Deutschland droht eine Kürbiskatastrophe. 90 Prozent der landwirtschaftlichen Anbaufläche werden hierzulande für Spargel und Kürbisse genutzt, der Rest ist für Cannabis-Plantagen reserviert. Noch hat man glücklicherweise keine Methode gefunden, den Kürbis zu einem Joint zu rollen. Außerdem gilt der Kürbis nicht als bewusstseinserweiternd, sondern als bewusstlosmachend, jedenfalls, wenn er uns auf den Kopf fällt. Kürbisse braucht man eigentlich nur an Halloween, wo man sie ausgehöhlt vor die Haustür stellt. Als Erinnerung an Martin Luther, der den Katholizismus ausgehöhlt hat. Alles, was an Halloween nicht ausgehöhlt wurde, können wir nur noch aufessen. Von März bis Juni essen die Deutschen Spargel, von September bis März bildet die Kürbissuppe den Hauptbestandteil der heimischen Ernährung, im Juli und August dominieren Erdbeeren und Flammkuchen. Doch der Kürbis wächst immer weiter. Durch unkontrollierten Anbau platzen die Kürbislager aus allen Nähten. Eine Kürbislawine droht ganze Städte unter sich zu begraben. Ist eine friedliche Nutzung des Kürbisses auf die Dauer möglich? Biologen arbeiten an einer Kreuzung zwischen Spargel und Kürbis. Der Sparbis oder Kürgel ist eine orangefarbene Stange von drei Metern Länge, die extrem holzig schmeckt, aber hervorragend und rückstandsfrei brennt und uns von Gasimporten aus Russland unabhängig machen könnte.

Frage 99

Was ist eigentlich in Thüringen los?

Lange hat man nichts mehr von Bodo Ramelow und seinen Regierungsblockparteien gehört. Der Ministerpräsident hat eine Nachrichtensperre verhängt. Telefongespräche von und nach Thüringen sind z.Z. nur mit großen Einschränkungen möglich, Telekomkunden berichten von mysteriösen Knackgeräuschen in der Leitung. Der Telefonanbieter überprüft, ob die betroffenen Kunden einen so genannten »Nostalgie-Tarif« gebucht haben, da wären Knackgeräusche im Preis inbegriffen. Sonst wird eine Nachzahlung fällig. Der Warenverkehr zwischen Thüringen und Deutschland läuft aber reibungslos, Betontransporte haben um 400 Prozent zugenommen und der Stacheldrahtbedarf des Landes hat sich sprunghaft erhöht. Auch bei der Bananeneinfuhr werden Rekordwerte erwartet. Wie Gregor Gysi erklärte, habe man inzwischen aus den Fehlern der DDR gelernt. Ein Sprecher von Bodo Ramelow erklärte außerdem, dass der Ministerpräsident sich demnächst zum Staatsratsvorsitzenden wählen lassen will.

Frage 100

Darf man sich beim Überholen überholen lassen?

Ein Autofahrer, der während des Überholvorgangs ein Überholverbotsschild passiert, muss den Überholvorgang abbrechen, wenn dies gefahrlos möglich ist. Das hat das Oberlandesgericht Hamm verfügt und damit ein Verkehrschaos vorprogrammiert. Das Überholen an sich ist ja bereits ein hochgradig gefährlicher und stressbelasteter Vorgang. Jetzt aber kommt noch das Risiko hinzu, beim Überholen plötzlich ein Überholverbotsschild zu sehen und dann muss man blitzschnell abwägen: Gefahrlos abbrechen, illegal vorbeiziehen oder einfach auf gleicher Höhe bleiben, bis das Überholverbot aufgehoben ist? Zu viele Entscheidungen für einen Autofahrer, der ja während des Überholens noch telefonieren, kaffeetrinken und den Befehlen der Bordinstrumente gehorchen muss. Zur Vermeidung eines Gehirnkollaps soll daher einen Kilometer vor jedem Überholverbotsschild ein Warnschild auf das drohende Überholverbot hinweisen. Sicherheitshalber wird zwei Kilometer vor dem Warnschild noch eine Warnung vor der Warnung aufgestellt. Zwei gekreuzte Zeigefinger in einem roten Dreieck weisen auf die Gefahr eines Warnschildes hin.

Frage 101

Wer muss den dritten Weltkrieg anfangen?

Der 3. Weltkrieg geht in seine entscheidende Phase. Angefangen hat ihn diesmal der Russe, das sorgt unter Weltkriegsforschern für Verblüffung. Der Russe hat die Krim erobert und steht zwei S-Bahnstationen vor Berlin. Baden-Baden und St. Moritz hat er als wichtige Brückenköpfe bereits seit Jahren besetzt. Frank-Walter Steinmeier greift zum Äußersten und versucht den Feind durch permanenten Telefonterror einzuschüchtern. Die deutsche Bevölkerung ist aufgefordert, russisches Gas nur unter Vorbehalt zu verbrauchen und nach Möglichkeit auf Camping-Gas umzusteigen. Kriegsministerin von der Leyen erklärte, unsere Freiheit müsse auch auf Schalke verteidigt werden. Die EU ordnete eine Generalmobilmachung ihrer Bürokratentruppen an und will die russischen Verbände unter einem Hagel von Verordnungen, Regelungen und Strategiepapieren begraben. So gilt während der Kampfhandlungen die Helmpflicht. Die russische Regierung hat bereits gegen diese unmenschliche Vorgehensweise protestiert. Bei einem wahrscheinlichen Sieg der Russen soll Gerhard Schröder als Generalgouverneur erneut die Herrschaft über Deutschland antreten.

Frage 102

Ist die Blockflöte eine Massenvernichtungswaffe?

Der Export von Rüstungsgütern ist eine hochexplosive Angelegenheit, von der nicht zu viele Menschen wissen sollten. Vor allem nicht Christian Ströbele, weil der sich immer leicht aufregt. So oder zumindest so ähnlich hat das Bundesverfassungsgericht entschieden. Doch Rüstungsexperten fordern seit langem viel weitergehende Lösungen. Auch die Regierung sollte nicht wissen, mit wem sie welche Geschäfte macht, damit kein Politiker in einen Gewissenskonflikt gerät, der dann seine parlamentarische Arbeitskraft blockiert. Eine Regierung kann ja gar nicht voraussehen, ob der aufstrebende junge Unrechtsstaat, dem man ein paar Tonnen frische Panzer und Flugabwehrraketen geliefert hat, sich nicht eines Tages in eine menschenverachtende Diktatur verwandelt. Deutschland verfügt über die drittgrößten Waffenproduktionsressourcen der Welt. Waffen werden in unserem Land über und unter Tage abgebaut und das ohne Kinderarbeit. Grundsätzlich ist der Begriff Waffe interpretationsfähig. Für manche zählt schon ein Porsche Cayenne dazu, andere sagen, in den falschen Händen könne auch eine Blockflöte eine furchtbare Waffe sein.

Frage 103

Wird Dresden die Barthauptstadt der Bewegung?

Der Freistaat Sachsen sucht dringend einwanderungswillige Muslime, die den Bürgern dort helfen, Vorurteile und patriotische Gefühle zu entwickeln. Viele Anhänger der Pegida-Bewegung leiden darunter, dass in ihrem Bundesland nur sehr wenige Muslime leben, die außerdem ziemlich unterentwickelte kriminelle oder islamistische Instinkte haben. Bis sich genügend waschechte Muslime eingefunden haben, stellt die Stadt Dresden 500 vollbärtige junge Männer, vorzugsweise mit flackerndem Blick, ein, die sich tagsüber in langen weißen Gewändern im Innenstadtbereich aufhalten und dem Bürger das angenehme Gefühl der Überfremdung geben sollen. Die Überfremdungsstelle der Stadt verleiht bei Bedarf die passenden Bärte, Gleitsichtbrillen mit flackernder Blickfunktion sind ebenfalls im Angebot. Man überlegt außerdem, die Scharia in Dresden und Umgebung einzuführen, um die Ausländerhassgefühle der Bevölkerung nicht zu verletzen. Darüberhinaus können sich jederzeit interessierte Bürger melden, die sich gerne von einem Ausländer den Arbeitsplatz wegnehmen lassen wollen.

Frage 104

Wie lautet der hammermäßigste Hammersatz von Joachim Gauck?

Bundespräsident Gauck hat Journalisten vor oberflächlicher Berichterstattung gewarnt. Er habe manchmal den Eindruck, »eine Nachricht wird nur publiziert, weil sie dran ist und nicht, weil etwas drin ist«. Die anwesenden Journalisten zeigten sich von den Hammerworten des Bundespräsidenten betroffen. Viele notierten sich den Satz in ihrem kleinen schwarzen Notizbuch, das sie nur für wichtige Informationen reserviert haben. Einige, die sich besonders erleuchtet fühlten, fuhren in ein nahegelegenes Tättowierstudio, um sich die präsidiale Weisheit unter die Haut ritzen zu lassen. Dann allerdings schlich sich das Gift des Zweifels in die Herzen einiger nicht ganz charakterfester Journalisten und sie begannen sich zu fragen, ob in der Nachricht des Präsidenten überhaupt etwas drin sei oder ob sie nur dran wäre. Zwei Journalisten aus Gütersloh, denen Gaucks Merksatz gerade auf chinesisch tätowiert worden war, fühlten sich betrogen und wollten vom Bundespräsidenten wissen, ob man eine Tätowierung entfernen lassen könnte. Gauck erwiderte, das sei kein Problem, wenn sein Satz nur oberflächlich aufgetragen worden sei.

Frage 105

Wie und warum funktioniert der Bundesnachrichtendienst?

In der neuen Zentrale des BND irgendwo in Berlin sollten die ersten Mitarbeiter längst ihre Arbeit aufnehmen. Doch die Adresse der Zentrale ist so geheim, dass bisher niemand das Gebäude finden konnte. Die raffiniert gestaltete Zentrale wirkt von außen wie ein hässlicher Bürokomplex aus den 60er Jahren. Um seine wahre Gestalt zu erkennen, braucht man eine Spezialbrille, an der noch gearbeitet wird. Auch die Arbeitszeiten gelten als Top-Secret, ebenso wie die Aufgaben der Mitarbeiter. Viele arbeiten seit Jahrzehnten an völlig sinnlosen Vorgängen, um andere Nachrichtendienste zu täuschen. Außendienstspione erhalten auf Antrag ein flaches schnurloses Telefon, mit dem man auch fotografieren kann. Insgesamt ziehen sich 20.000 km Glasfaserkabel durch die Gebäude, die vollkommen abhörsicher sind, denn man hat einfach alle Leitungen nach draußen gekappt. Den größten Raum nimmt das Brieftaubenausbildungszentrum, sowie ein unterirdischer Geheimtintentank und eine Regenschirmentgiftungsanlage ein. Post an den BND ist im Moment leider unzustellbar, denn alle Briefkästen sind tot.

Frage 106

Wie tief kann Deutschland noch sinken?

Die Bundesregierung senkt die Konjunkturwachstumsprognose. Aber eigentlich wird überhaupt kein Wachstum mehr erwartet. Schuld sind die vielen Frauen in den Dax-Vorständen, der Mindestlohn, die Hartz-IV-Betrüger, der Russe und der Islam. Das Land liegt am Boden. Wolfgang Schäuble muss die schwarze Null im Haus der Geschichte abliefern, die Bürger müssen die Wahlgeschenke wieder zurückgeben, und zwar auf Heller und Pfennig. Der Finanzminister beantragte die Aufnahme unter den Euro-Rettungsschirm. Griechenland versprach eine Soforthilfe von 1 Milliarde Euro und Lebensmittellieferungen, damit Deutschland über den Winter kommt. Viele Flüchtlinge haben ihre Anträge auf Asyl zurückgezogen. Über eine halbe Million Ausländer wollen Deutschland wieder verlassen, weil sie der einheimischen Bevölkerung nicht die wenigen einfachen Nahrungsmittel wegessen möchten. Im Frankfurter Bankenviertel brannten die ersten Restmülltonnen, in München schloss Luis Vuitton seinen Flagship-Store. Das Auswärtige Amt gab vorsorglich eine Reisewarnung für Deutschland heraus.

Frage 107

Wie heißen die nächsten Bücher von Helmut Kohl?

Kann Helmut Kohl nach dem Wahnsinns-Erfolg seines Pöbel-Klassikers »Vermächtnis« tatsächlich noch eins drauf setzen? Das fragen sich viele Literaturfreunde, die von dem neuen Kohl-Sound nicht genug bekommen können. Kohl galt lange Zeit nur als einfacher Kanzler der Einheit und König der Spendeneintreiber. Dass in ihm noch andere Talente schlummern, ahnten wenige. Das Buch zeigt einen neuen Kohl, sympathisch brutal, ungemütlich, von Abscheu auf seine Umgebung zerfressen, einer der sagt, wie es ist, vor allem, wie er findet, dass es ist. Kohl reiht sich hier bewusst in die große Tradition eines Bushido, Sido oder Thomas Bernhard ein. Jetzt melden sich Kritiker und beklagen, dass sie im Buch nicht oder nicht ausführlich vorkommen. Klaus Kinkel erklärte, er habe das Recht rücksichtslos niedergemacht zu werden. Der frühere Minister für Irgendwas will sich mit anderen potentiellen Opfern zusammentun und die Beleidigungen einklagen. Kohls Verlag plant die Trilogie »Kanzler der Zwietracht«, »Helmut, der Hassprediger« und den versöhnlichen Abschlussband »Aaarrggh«.

Frage 108

Woran merkt man, dass man zu lange wartet?

Immer mehr Patienten klagen über zu lange Wartezeiten. Das Krankheitsbild ist nicht neu, aber bislang wurde noch kein wirksames Mittel dagegen gefunden. Verbreitet ist die Krankheit vor allem im ländlichen Raum. Dort klagen Patienten über besonders lange Wartezeiten. Die Beschwerden fangen wie so oft ganz harmlos an. Man meldet sich in der Arztpraxis am Empfang, da hört man die fatale Aufforderung: »Nehmen Sie doch bitte noch kurz im Wartezimmer Platz«. Fachleute warnen selbst vor kurzen Aufenthalten im Wartezimmer. Diese führen in 60 Prozent aller Fälle zu langen Wartezeiten und wenn die Krankheit besonders schwer verläuft, kann es zu chronischen Wartezeiten kommen. Woran merkt der Patient, dass er an langen Wartezeiten leidet? Ein sicheres Zeichen ist, dass er alle Tauch- und Segelsportmagazine durchgelesen hat, gefährlich wird es, wenn er anfängt, sich Gedanken über die merkwürdigen Bilder zu machen, die der Arzt im Wartezimmer aufgehängt hat. Wer sich davor schützen will, sollte unter allen Umständen Wartezimmer meiden, denn dort ist die Gefahr am größten, sich mit langen Wartezeiten anzustecken.

Frage 109

Was wissen die Tiere eigentlich?

Tiere spüren drohende Vulkanausbrüche, Erdbeben oder andere Katastrophen viel früher als der Mensch. Wenn wir ihre Fluchtbewegungen richtig deuten, könnte uns das vor vielen Gefahren bewahren. Am 8. Oktober 1989 bellten zwei Schäferhunde in Stralsund über fünf Stunden und waren nicht zu beruhigen. Am nächsten Tag fiel die Mauer. Die klugen Tiere wussten es vorher. Früher war das Fernsehen voll von Tieren, die uns warnen wollten. Lassie, Fury, Flipper oder Skippy gaben Laut, wenn den Menschen Gefahr drohte. Sobald Lassie bellte, wusste man, dass irgendwo ein Sack Reis umgefallen war oder ein Atomkraftwerk zu explodieren drohte. Und wenn Skippy, das Buschkänguru, mit dem Schwanz auf den Boden klopfte, dann warnte es die Eltern davor, dass ihre Kinder mal wieder viel zu lange vor dem Fernseher saßen, anstatt draußen zu spielen. Ursula von der Leyen hat neuerdings in ihrem Büro einen Borderline-Collie, der die Ministerin mit seinem Gebell rechtzeitig vor dem nächsten Bundeswehrskandal warnen soll. Angela Merkel überlegt ebenfalls die Anschaffung eines Katastrophenwarntieres. Sie denkt dabei an den Zwergpinscher Eckart von Klaeden oder den Schnauzer Roland Pofalla.

Frage 110

Wo kommt das ganze willige Fleisch her?

Fleischhersteller sind ab sofort verpflichtet, auf der Verpackung das Land der Aufzucht und der Schlachtung zu nennen und möglichst detaillierte Auskünfte über das Vorleben der verarbeiteten Masse zu geben. Der Verbraucher kann sich endlich ein genaues Bild der Ware machen. Die Regelung gilt für alle Lebewesen, die sich verwursten, filetieren, pökeln, marinieren und durch den Wolf drehen lassen. Auf einer 500-Gramm-Packung Schweinehack sind jetzt Kinderfotos aus der Ferkelzeit des Schweins abgedruckt. Man lernt auch die stolzen Eltern kennen, die man ja möglicherweise auch schon zum Teil gegessen hat, aber damals gab es leider noch keine Kennzeichnungspflicht. Man erfährt, wie das Ferkel zum Mastschwein ausgebildet wurde und wann es die mittlere oder höhere Schlachtreifeprüfung abgelegt hat. Wir sehen gerührt das letzte Gruppenfoto mit den Freunden, bevor das Schwein in den Viehtransporter steigt und dann ist natürlich auch der eindrucksvolle Moment im Bild festgehalten, wo aus dem netten Schwein von nebenan 1a Qualitätshack für die Edeka-Frischetheke wird.

Frage 111

Müssen sich Fahrradfahrer an Regeln halten?

Der überraschend hereingebrochene Frühling hat viele unvorsichtige Bürger verleitet, ihr Fahrrad aus dem Keller zu holen und andere Verkehrsteilnehmer damit zu bedrohen. Was die meisten nicht wissen, auch für Fahrradfahrer gelten Regeln. Das Fahren ohne Klingel ist verboten (15 Euro), genauso wie das Telefonieren auf dem Rad (25 Euro), selbst wenn man das Handy nur schellen lässt, weil man keine Klingel hat. Gehen Sie niemals ans Telefon, wenn Sie auf dem Rad sitzen, es könnte ein Testanruf der Polizei sein. Es ist verboten, in der Innenstadt Luft aus dem Reifen zu lassen, wenn die Ventile nicht mit Feinstaubfilter ausgerüstet sind. Das Fahren auf dem Gehweg ist verboten, einen Gehweg erkennt man an den vielen Fahrradfahrern, denen die Fußgänger panisch ausweichen. Ebenfalls ist es untersagt, einen Fahrradweg in der falschen Richtung zu benutzen. Auch hier kann man sich leicht orientieren. Die richtige Richtung ist immer die, in der die wenigsten Radfahrer unterwegs sind. Wer als Fahrradfahrer eine geschlossene Bahnschranke umfährt, ohne vorher zu klingeln, muss 350 Euro bezahlen, aber nur, wenn er überlebt.

Frage 112

Wie groß ist der Anteil von Gehörlosen unter Volksmusikern?

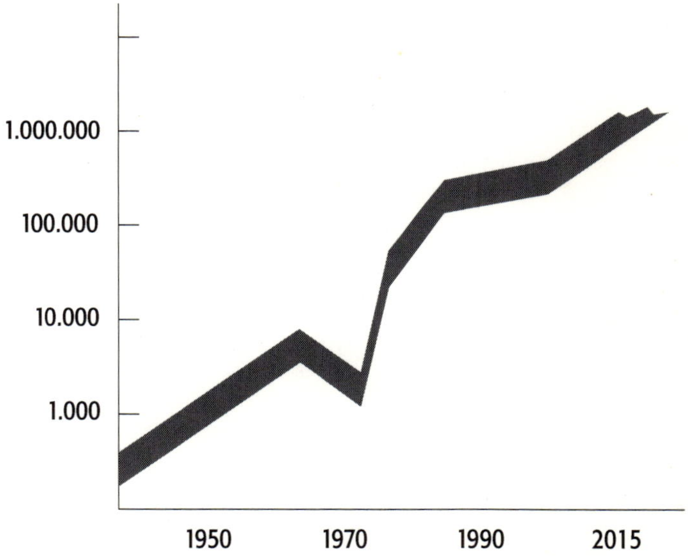

Frage 113

Warum verzögert sich der Bau eines Einheitsdenkmals?

Der Bau des Einheitsdenkmals wird sich um einige Jahrzehnte verzögern. Kulturstaatsministerin Monika Grütters erklärte, warum: »Ein solches Denkmal an diesem zentralen Ort in der Hauptstadt zu errichten, ist eine komplexe bauliche und gestalterische Herausforderung, die umfangreiche Planungen und Abstimmungen erfordert«. Das ist brillant. Man sollte den Satz in Marmor gießen oder in Bronze meißeln oder in Plaste und Elaste. Dieser Satz ist das Einheitsdenkmal. Er sagt alles. Für alle, denen das eben zu schnell ging, wiederholen wir ihn nochmal: »Ein solches Denkmal an diesem zentralen Ort in der Hauptstadt zu errichten, ist eine komplexe bauliche und gestalterische Herausforderung, die umfangreiche Planungen und Abstimmungen erfordert«. Klingt beim zweiten Mal fast noch besser und ausgereifter. Da ist kein Wort zu viel oder zu wenig. Ein Satz, den man auch dreimal lesen kann, der nutzt sich einfach nicht ab: »Ein solches Denkmal an diesem zentralen Ort in der Hauptstadt zu errichten, ist eine komplexe bauliche und gestalterische Herausforderung, die umfangreiche Planungen und Abstimmungen erfordert«.

Frage 114

Was finden die Leute eigentlich an Frank-Walter Steinmeier?

Ursula von der Leyen ist die unbeliebteste Person Deutschlands. Sieben von acht Mitgliedern ihrer Familie halten sie nicht geeignet für das Amt der Mutter, fast siebzig Prozent der Bevölkerung finden, sie macht keinen guten Job als Verteidigungsministerin. Es hat allerdings in den vergangenen zwanzig Jahren niemand einen guten Job als Verteidigungsminister gemacht. Irgendwie hat das Amt nicht die besten Seiten in den Menschen zu Tage gefördert. Wir sagen nur Rudolf Scharping und Karl Theodor zu Guttenberg. Selbst de Maizière wirkte als Verteidigungsminister plötzlich unseriös und überfordert. Und von Roland Pofalla glaubten viele, er sei Verteidigungsminister, so unseriös wirkte er. Gemessen daran hat Ursula von der Leyen gar nicht so viel falsch gemacht. Sie hat sich immerhin an den richtigen Orten fotografieren lassen, zumindest nicht beim Baden mit ihrem adligen Geliebten. Der beliebteste Politiker ist merkwürdigerweise Frank-Walter Steinmeier, und das sogar in der Familie von Ursula von der Leyen. Dabei ist Steinmeier nur ständig von einem Krisengebiet ins andere geflogen, ohne dass irgendeine Krise dadurch beendet worden wäre. Aber wenigstens konnten die Flugzeuge, in denen Steinmeier saß, tatsächlich fliegen.

Frage 115

Kriegen die in Dresden überhaupt irgendwas geregelt?

Die Waldschlösschenbrücke, die im Elbtal zu starken Sehstörungen und in Dresden zum Verlust des Titels Elbflorenz geführt hat, diese Brücke wird nicht in der Art und Weise genutzt, wie sich die Brückenfreunde das vorgestellt hatten. Oft fährt tagelang kein Auto über die nagelneue Brücke, die eigentlich alles hat, was eine Brücke braucht. Sie reicht genau von einem Ufer der Elbe zum anderen und ist an beiden Seiten ordentlich festgeschraubt. Es besteht also eigentlich kein Grund zur Sorge. Doch mehr als die Hälfte der Menschen, die über die Brücke fahren, tun das, weil sie Geld dafür bekommen. Es sind festangestellte Brückenfahrer, die die Daseinsberechtigung des Bauwerks beweisen sollen. Der Rest sind Schaulustige, die sehen wollen, wer noch so über die Brücke fährt, und Journalisten, die sich über die Zustände rund um die Brücke aufregen wollen. Insgesamt ist es auf der Brücke derartig ruhig geworden, dass sich zwei Fledermausschwärme dort angesiedelt haben. Auf dem Mittelstreifen konnten Biologen vier seltene Orchideenarten nachweisen, und in diesem Jahr brütete auf der Brücke erstmals ein Storchenpaar.

Frage 116

Was gibt es am 3. Oktober bloß zu feiern?

Am 3. Oktober begehen wir nicht, wie manche glauben, den Welttollwuttag, denn der ist am 28. September. Wir Deutschen feiern das Zusammenwachsen von dem, was zusammengehört. Es ist der große Zusammenwachstag. Deshalb wurde kürzlich bei Madame Tussauds eine Wachsfigur von Joachim Gauck eingeweiht, die am 3. Oktober vor dem Bundestag steht, um uns ans Zusammenwachsen zu erinnern. In manchen Jahren fällt der 3. Oktober auf einen Freitag, was dazu führt, dass Freitag die Geschäfte zu haben. Man kann nichts einkaufen, muss aber trotzdem feiern. Man muss aber auch nichts einkaufen, denn am 3. Oktober werden keine Geschenke gemacht und keine Eier versteckt. Den 3. Oktober nutzen die meisten Deutschen zum Wegfahren. Damit gedenken sie der Menschen, die fast 40 Jahre nicht richtig wegfahren konnten. Grundsätzlich kann man sagen: wir feiern am 3. Oktober, dass DDR und BRD zusammengewachsen sind, zu einem großen, z.Z. vollkommen waffenlosen und daher friedliebenden Staat. Bei der DDR handelte es sich um einen Staat, in dem nicht alles schlecht war. Heute ist dort alles gut und voller blühender Landschaften. Und voller AfD-Abgeordneter. Im Osten glauben viele, AfD hieße Alternative für DDR-Bewohner, was möglicherweise sogar stimmt. Ohne die DDR hätten wir keinen Soli und ganz andere Staatsoberhäupter. Bundeskanzler wäre immer noch Helmut Kohl und Bundespräsidentin Margot Käßmann. Es war also wirklich nicht alles schlecht.

Frage 117

Sollte man pro Tag wirklich bedenkenlos ein Kilo Salz verzehren?

Die Deutschen essen zu viel Salz. Ein erhöhter Salzkonsum führt zu Bluthochdruck, Schlaganfall und Herzinfarkt. Wer zu viel Salz isst, leidet oft an unerklärlichen Durstgefühlen. Der übertriebene Gebrauch von Salz führt zu versalzenen Speisen, die wiederum großen Durst hervorrufen, der mit überzuckerten Getränken gestillt werden muss. Gut ist das alles nicht, sagt die Weltgesundheitsorganisation. Es gibt kaum einen Weg, dem Salz aus dem Weg zu gehen. Es klebt an der Salzstange, hängt an der Salzbrezel und ist von der gesalzenen Erdnuss nicht mehr wegzudenken. Schon beim Genuss eines simplen Tequilas, muss man sich vorher Salz von der Hand lecken und hinterher in eine Zitrone beißen. Oder beißt man in den Salzstreuer? Da kommen viele Menschen durcheinander, denn Salzmissbrauch schädigt auch das Dings, äh, Gedächtnis, führt wahrscheinlich auch zu Alzheimer. Von einhundert Menschen, die in Deutschland sterben, haben einhundert Salz gegessen. Deutsche enthalten einfach zu viel Salz. Griechenland will deshalb deutschen Touristen das Baden im Mittelmeer verbieten, damit das Wasser nicht noch stärker versalzen wird.

Frage 118

Darf man den Tieren das Futter wegfressen?

In Deutschland leben immer mehr Vegetarier. Das sind Menschen, die Tofu in Würstchenform zu sich nehmen. Sie essen vom Hamburger nur das Brötchen und den Salat. 35 Prozent der Menschen sind Flexitarier, das heißt, sie verzichten bewusst auf jedes zweite Schnitzel und nehmen vom Hackbraten nur die Hälfte. In Zukunft wird es in Restaurants Nichtfleischesserbereiche geben, denn Vegetarier wollen keinen Platz mit Schnitzelblick. Für Veganer ist es genauso unzumutbar neben Vegetariern zu sitzen und Frutarier brauchen einen abgetrennten Raum, wo sie nicht vom Tofugestank belästigt werden. Alle Fensterplätze sind dagegen reserviert für Menschen, die sich nur von Licht ernähren. Die nachlassende Begeisterung für gut gewürzte tote Tiere bringt große Probleme mit sich. Unser Land ist darauf angewiesen, dass wir die Tiere, die hier angebaut werden, regelmäßig aufessen, sonst gibt es bald zu viele. Das natürliche Gleichgewicht zwischen Schlachtvieh und Mensch kommt durcheinander. Schuld sind die Beilagenesser. Je gebildeter sich jemand vorkommt, umso weniger Fleisch isst er. Die Doofen hauen sich die Schnitzel, Koteletts und Pressköpfe rein, weil sie noch nicht mal wissen, wie man Vegetarier schreibt. Doch viele Vegetarier haben einfach Schiss, sie glauben an Wiedergeburt und befürchten, beim nächsten Mal als Kalb auf die Welt zu kommen und als Wiener Schnitzel begraben zu werden.

Frage 119

Was kann der neue Zehner?

Der neue Zehn-Euro-Schein ist viel sicherer und haltbarer als der alte. Er hielt sich in einem Stresstest 4,3 Stunden länger im Portemonnaie als sein Vorgänger. Der neue Zehner ist damit nicht ganz so haltbar wie der Fünfhunderter, der wochenlang in der Brieftasche bleibt, weil ihn keiner wechseln kann. Obwohl er in der Herstellung teurer geworden ist, gelang es den Machern des neuen Zehners, den alten Preis zu halten. Man bekommt ihn gegen Vorlage von zwei Fünf-Euro-Scheinen oder fünf Zwei-Euro-Münzen. Er entspricht dem Gegenwert eines Tankgutscheins im Wert von zehn Euro oder einem kleinen Cappuccino in der Münchner Innenstadt. Außerdem ist er abwertungsfrei, selbst in einer Mega-Inflation bleibt er immer zehn Euro wert. Jeder Schein ist mit einer Pin gegen illegalen Zugriff gesichert. Diebe können den Schein nicht mehr so einfach aus fremden Brieftaschen downloaden. In den Schein ist ein Hologramm von Wolfgang Schäuble eingearbeitet. Wenn man zehn Sekunden darauf starrt, öffnet Schäuble den Mund und sagt: »Bitte geben Sie diesen Schein sofort wieder aus.«

Frage 120

Weshalb langweilen uns *Spiegel* und *Focus* jetzt schon am Samstag?

Der *Spiegel* und der *Focus* erscheinen neuerdings samstags, statt montags. Beim *Focus* hatten sie die Idee schon 1974, aber dann ist der *Spiegel* plötzlich auch draufgekommen und hat es als erster rumposaunt. Heißt es eigentlich der *Focus* oder doch das *Focus*? Darüber sollten sie mal was schreiben in ihrem oder ihrer *Focus*. Jedenfalls wollen *Spiegel* und *Focus* nicht mehr Montag erscheinen, weil am Wochenende sowieso nichts passiert, aber die Leute am Wochenende gerne was lesen. Das sind Fakten. Da wird man sich, überall wo der *Focus* rumliegt, umstellen müssen, also im Flugzeug, beim Friseur, beim Urologen und im Hotel. Nicht mehr montags zum Arzt gehen, sondern samstags. Auch Politiker, Terroristen und Vorstandsvorsitzende müssen sich bewegen, wenn sie wollen, dass ihre letzte kriminelle Handlung im *Spiegel* mit einem rührenden Foto oder im *Focus* mit einer Infografik gewürdigt wird. Keine Anschläge am Samstag, das wäre tödlich für die Außenwirkung. Der Sack Reis, der am Sonntag umfällt, kann erst am Samstag darauf porträtiert werden. Und dann hat ihn schon der *Stern* auf dem Titel gehabt. Die Zeitschriftenmacher müssen immer näher an die Ereignisse ran. Ab 2017 liegen *Spiegel* und *Focus* deshalb am Donnerstag beim Facharzt Ihres Vertrauens, sind aber völlig unabhängig voneinander auf die Idee gekommen, und ab 2018 erscheinen sie wieder am Montag aber eine Woche früher als heute.

Frage 122

Warum gibt es eigentlich keine Frage 121?

Frage 121 fällt aus technischen Gründen aus.

Frage 123

Weshalb sind Fotos von der Polizei so teuer?

Unter großer Beteiligung der Bevölkerung findet mehrmals im Jahr ein »Blitzer-Marathon« statt. Dabei handelt es sich nicht um ein Langstreckenrennen mit unbekleideten Sportlern, sondern um die größte Radarfallenstellerei aller Zeiten. Die Polizei setzt jedes Gerät, das irgendwie blitzen kann, ein. In Bochum blendeten 500 Beamte mit Taschenlampen die Verkehrsteilnehmer, in Timmendorf versuchte man es mit Leuchtpistolen. In Bremen wurden aus Kostengründen Wasserpistolen eingesetzt. Hintergrund der Aktion: man will so viel Autofahrer wie möglich erschrecken und ihnen ordentlich zu denken geben. In Deutschland wird nämlich noch zu viel gerast, denn die Autos sind einfach zu schnell. Die Hersteller bemühen sich seit Jahrzehnten, die Autos langsamer zu machen, schaffen es aber beim besten Willen nicht. Wer es geschickt anstellt, kann beim Blitzer-Marathon bis zu fünfzig Schnappschüsse von sich machen lassen, die ihm die Polizei kostenlos zuschickt. Wer keinen Wert auf die kostenlose Zusendung seines »Blitzies« legt, sollte sofort nach dem Blitz den Rückwärtsgang einlegen, dadurch wird das Foto gelöscht.

Frage 124

Warum, zum Teufel, haben sich Menschen Eiswasser über den Kopf gekippt?

Das Eiswasserüberdenkopfkippen ist doch nicht so sinnvoll, obwohl gutherzige Menschen wie Verona Pooth oder Anne Will das geglaubt haben. Die Vereinigung »Ärzte gegen Tierversuche« protestiert, aber nicht, weil sie befürchtet, es handele sich um einen Tierversuch, wenn sich Verona Pooth oder Heidi Klum einen Kübel Eiswasser über den Kopf kippen. Es geht vielmehr um die Spendengelder, die noch reichlicher als das Eiswasser fließen und die der ALS Association zu Gute kommen. Diese Organisation setzt Tierversuche ein bei der Suche nach einem Mittel gegen die Amyotrophe Lateralsklerose, doch die Tierversuche sind nach Ansicht der Versuchsgegner unnötig. Was nun? Sind Verona Pooth, Anne Will, Florian Silbereisen, Helene Fischer, Heidi Klum und Cem Özdemir völlig umsonst nass geworden? Klebt an ihnen das Blut unschuldiger Mäuse und Ratten? Und es sind ja nicht nur Mäuse, sondern schon mehrere Menschen bei der Eiswasserdusche gestorben. An Unterkühlung. Es soll daher eine Warmduscher-Challenge ins Leben gerufen werden. Die Spendengelder kommen den Opfern des Eiswasserterrors zu Gute.

Frage 125

Ist Sigmar nur ein anderes Wort für Niederlage?

Politiker legen sich gerne Künstlernamen zu, auf jeden Fall bevorzugen sie cool klingende Vornamen. Josef Fischer kennen wir als Joschka, die schleswig-holsteinische Bildungsministerin auf Abruf heißt Waltraud, möchte aber Wara gerufen werden. Marie Luise Dreyer kennen wir als Malu und die Grünen-Politikerin Franziska Keller heißt Ska Keller, was ja nun fast so cool wie Petra Pau klingt. Doch schon in der Vergangenheit wurden Namen verändert. »Schmidt Schnauze« war der Künstlername des größten Kanzlers und Rauchers aller Zeiten. Helmut Kohl nannte sich der Einfachheit halber »Birne«. Karl-Theodor zu Guttenberg wurde ehrfürchtig als »Plagiator« tituliert. TSG steht für 1899 Hoffenheim, aber auch für Thorsten Schäfer-Gümbel. Wofür der allerdings steht, weiß man nicht so genau. Gregor Gysi ist angeblich ein echter Name, Mutti die Abkürzung für Angela Merkel, »Flinten-Uschi« heißt in Wirklichkeit Ursulator von der Leyen, Verkehrsminister Dobrindt heißt McMaut. Auch der Wirtschaftsminister bastelt an einem Namenskonzept. Seine Genossen sollen ihn »Siga« nennen, das klingt nämlich viel cooler als »Biggest Loser«.

Frage 125a

Was verursacht Körpergeruch bei pubertierenden Schrankwänden?

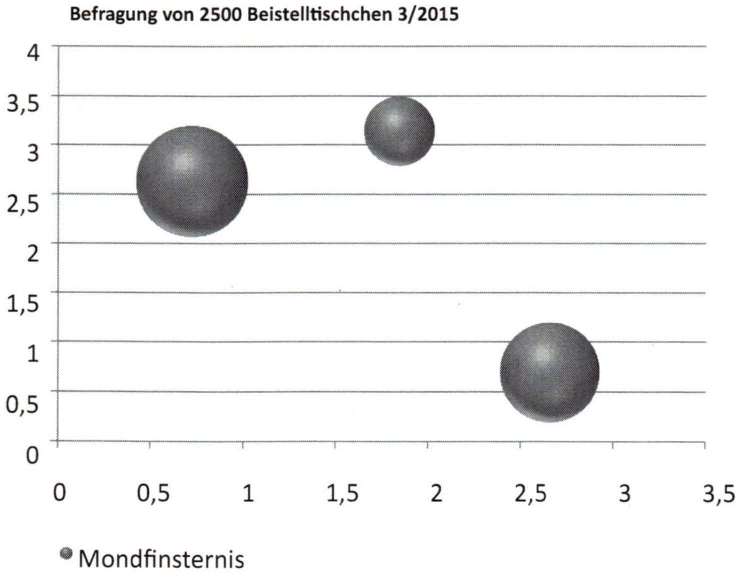

Frage 126

Warum muss Arbeit oft so laut sein?

Bürolärm verursacht Stress, ganz besonders der Lärm, den die Mitarbeiter selber machen. Das haben aktuelle Messungen in Großraumbüros ergeben, die von Psychologen ausgewertet wurden. Telefongespräche, Meetings, Briefings, Kopier- und Faxgeräte und Reißwölfe erzeugen einen Höllenlärm, der unweigerlich zu Stress führt. Gesundheitsfördernder wäre es, während der Arbeitszeit ganz auf Telefongespräche, Meetings, Kopiervorgänge und Faxempfänge zu verzichten und die PowerPoint-Präsentation durch die Stille Post zu ersetzen. Der größte Stress entsteht im Büro naturgemäß durch den Lärm, den Vorgesetzte erzeugen. Verblüffend ist: gerade eine sehr kurze Vorgesetztenlärmphase kann die größte Wirkung hinterlassen. Ein Geräusch, das sich so anhört, wie »Sie sind entlassen« kann ungeheuren Stress verursachen, selbst ein kurzes »Raus« erhöht bereits Blutdruck und Herzfrequenz. Vorgesetzte sollten daher immer in einem anderen Gebäude untergebracht werden. Das senkt den Stresspegel gewaltig. Man kann den Vorgesetzten während der Arbeitszeit auch in einem schallisolierten Raum lagern und nach Feierabend wieder herausholen.

Frage 127

Welche Folgen hat ein Beischlaf mit dem Beifahrer?

Ein Beifahrer ist nicht verpflichtet, auf Schilder zu achten und sich über die Verkehrslage zu informieren. Das hat das Oberlandesgericht Hamburg festgelegt. Eine langjährige Rechtsunsicherheit wurde damit beseitigt. Bisher glaubte man, dass der Beifahrer verpflichtet ist, nicht nur auf Schilder zu achten, sondern den Fahrer ununterbrochen über das Verkehrsgeschehen zu informieren. Durch kenntnisreiche Kommentare wie »Nicht so schnell«, »Pass auf, da kommt einer von rechts«, »schalt doch mal in den Vierten« oder »Da hätten wir abgemusst«, sollte der Beifahrer ständig seine innere Anteilnahme zeigen. Doch dazu ist er nicht verpflichtet, wie wir nach dem Richterspruch aus Hamburg wissen. Der Beifahrer muss den Fahrer auch nicht mit Kaffee, Käsebroten und hartgekochten Eiern versorgen, es wäre aber nett, wenn er es täte. Der Beifahrer sollte dafür sorgen, dass mitreisende Kinder dem Fahrer nicht die Augen zuhalten oder die Brille entwenden. Falls der Fahrer ein kurzes Nickerchen macht oder mal gerade seine Brille vom Boden aufheben will, kann der Beifahrer das Steuer übernehmen, er ist aber nicht dazu verpflichtet.

Frage 128

Elektronische Preisschilder? Häh?

Das elektronische Preisschild ist auf dem Vormarsch. Preise können in Sekundenbruchteilen in alle Richtungen verändert werden. Der Kunde ist es schon von der Tankstelle gewohnt, wo mysteriöse »Zentralen«, die Preise steuern, nachdem sie eine Ziege geopfert oder das Innereien-Orakel befragt haben. Im Supermarkt sind die Einsatzmöglichkeiten unbegrenzt. Die Betreiber können sofort reagieren, wenn sich im Laufe des Tages der Preis für ein Barrel Buttermilch an der Rotterdamer Kefirbörse erhöht. Die elektronischen Preisschilder werden außerdem bei jedem Kunden individuell gestaltet. Für sensible Gemüter ist auch die Scheuermilch immer »laktosefrei« und die Dose Erbsen »frei von Konservenstoffen«. Wenn ein Artikel nur noch einmal vorhanden ist, steigt der Preis automatisch auf mindestens das Doppelte. Und es wird nicht mehr lange dauern, bis die Preisschilder den Kunden scannen und erkennen, dass er gerade Schmacht auf Nougatschokolade hat. Die wird dann mit dem Zusatz »Preissturz« versehen und man versucht den geschwächten Zustand des Interessenten auszunutzen, mit Angeboten wie »Acht Tafeln zum Preis von zehn«.

Frage 129

Sollte man öfter mal wieder mit einem Arzt reden?

Viele Patienten fühlen sich von ihrem Arzt nicht ausreichend beraten. Sie wünschen ausführliche Informationen über die Vor- und Nachteile einer Therapie. Sie wollen alles über die Nebenwirkungen wissen, damit sie den Beipackzettel nicht lesen müssen. Eigentlich wollen sie vor allem ein nettes Gespräch führen, in dem es gar nicht mal unbedingt um Krankheiten gehen muss. Ja, so ein Arztgespräch wird umso positiver beurteilt, je weniger von Krankheit die Rede ist. Je länger das Gespräch dauert, umso schneller wird der Patient gesund und das ganz oder fast ohne Medikamente. Viele Menschen haben nur beim Arzt mal die Möglichkeit mit einem studierten Menschen zu reden, der zumindest so tut, als ob er sich für sie interessiert. Ärzte sind ja oft schon als Ernährungs- und Bewegungsberater tätig, was spricht dagegen, dass sie auch noch ein wenig Erziehungs- und Anlageberatung übernehmen? Ärzte könnten außerdem ins Immobiliengeschäft einsteigen. Sie wirken vertrauenswürdiger als der zwielichtige Makler und außerdem wissen sie als erste, welcher ihrer Patienten als nächstes seine Immobilie für immer verlassen wird.

Frage 130

Wie entsteht ein Stau?

Wissenschaftler versuchen seit Jahrzehnten, dem Phänomen des Staus auf die Spur zu kommen. Wie und warum entsteht er und wie und warum löst er sich wieder auf? Viele Menschen fragen sich außerdem, warum sie jedes Mal dabei sind, wenn sich ein Stau bildet. Liegt es daran, dass sie in einem früheren Leben schwere Schuld auf sich geladen haben? Sollte man bestimmte Leute besser gar nicht erst auf die Straße lassen? Auch das muss die Wissenschaft unbedingt klären. Nach allem, was man bisher weiß, entsteht ein Stau in dem Moment, wenn ein Fahrzeug mitten auf der Fahrbahn zum Stehen kommt. Dadurch müssen alle Fahrzeuge, die sich dahinter befinden, ebenfalls anhalten. Stehen mehr als fünf Fahrzeuge hintereinander, spricht man von einem Stau. Der Stau löst sich in dem Moment auf, an dem sich das vorderste Fahrzeug für mehr als eine Minute in Bewegung setzt. Nicht immer handelt es sich um einen Stau, wenn viele Fahrzeuge unbeweglich hintereinanderstehen, manchmal ist man auch nur auf einen Parkstreifen geraten. Den Unterschied erkennt man daran, dass der Aufenthalt in einem Stau kostenlos ist, der Parkstreifen kostet Gebühren.

Frage 131

Wie muss man sich als Ausländer in Deutschland benehmen?

Warum kommen eigentlich immer die falschen Ausländer nach Deutschland? Begreifen die denn überhaupt nicht, dass wir hier nur topausgebildete unverschleierte Fremde brauchen können, die sich unauffällig in eine Reihenhaussiedlung einbauen lassen und halbwegs gut Deutsch sprechen? Also Österreicher, Schweizer und Luxemburger. Auf keinen Fall wollen wir merkwürdige Typen, die ihren Bart als soziale Hängematte missbrauchen. Oder die hier Arbeiten verrichten, für die wir uns schämen würden, schon allein wegen der schlechten Bezahlung. Es ist auch überhaupt nicht vorteilhaft, wenn diese Ausländer so ausländisch aussehen. Das steht ihrer Integration doch mächtig im Wege. Wir mögen Ausländer und besuchen sie gerne mal, wenn wir im Ausland unterwegs sind. Wir haben auch nichts dagegen, dass die sich Deutschland angucken aber sie müssen natürlich wieder gehen und dürfen nicht anfangen, Anträge zu stellen und die Preise unserer Immobilien zu ruinieren. Politisch verfolgte Flüchtlinge nehmen wir auf, aber sie müssen schon genau erklären, wieso sie in ihrer Heimat Ärger hatten und wer uns die Garantie gibt, dass sie in Deutschland nicht wieder Probleme machen. So wie in Dresden. Da machen nicht vorhandene Ausländer ständig Ärger und provozieren vorhandene Deutsche dazu, sich von ihrer unangenehmsten Seite zu zeigen. So benimmt man sich nicht, wenn man hier noch nicht mal zu Gast ist.

Frage 132

Sollte man Pflaumenkuchen immer mit Wespen garnieren?

In manchen Jahren gibt es auffallend wenige Wespen. Das berichten übereinstimmend Wissenschaftler und Pflaumenkuchenfreunde. Wespenforscher stehen vor einem Rätsel. Schuld könnte das Wetter sein oder auch die Heimtücke der Wespen, die sich möglicherweise an geheimen Orten sammeln, um dann zum finalen Großangriff überzugehen. Vielen Bürgern fehlt der Anblick der gestreiften Tiere, ihnen schmecken die Brotzeiten im Biergarten und die Torten im Stadtcafé nicht mehr, wenn sie nicht ständig Wespen verscheuchen müssen. Man sieht bedauernswerte Menschen, die sinnlos herumfuchteln und teilweise um sich schlagen, obwohl da gar keine Wespen sind. Manche schreien gar gequält auf und halten sich den Arm. Sie leiden an so genannten Phantomstichen. Verschiedene Wirtshäuser haben bereits Schilder aufgestellt mit der Aufschrift »Wespen willkommen«. Die Bundesregierung will ausländische, gut ausgebildete Wespen ins Land locken und plant an Deutschlands Grenzen flächendeckend Bleche mit frischem Pflaumenkuchen zu installieren. Bürger können eine Wespenpatenschaft übernehmen, Betriebe sollen freie Stichstellen melden.

Frage 133

Ist der Toaster die Glühbirne der Zukunft?

Die EU-Kommission will Europa zurück in die Steinzeit regulieren. Die Leistungen von Staubsaugern, Rasenmähern, Duschköpfen, Toastern und Föhnen sollen extrem gedrosselt werden, um Energie zu sparen. Spätestens 2017 wird ein handelsüblicher Föhn nur noch ein kaum wahrnehmbares Lüftchen erzeugen, Haaretrocknen kann Tage dauern, viele Menschen müssen mit nassen Haaren zur Arbeit gehen, holen sich eine Erkältung oder gleich eine Lungenentzündung. Oder man wäscht sich die Haare nicht mehr und steigt um auf Dreadlocks. Haarewaschen wird nämlich grundsätzlich schwieriger, denn durch die energiesparenden Duschköpfe der Zukunft fließt nur noch ein dünnes Rinnsal. Den Rasenmäher anzustellen lohnt nicht mehr, besser man nimmt gleich Sense und Nagelschere zur Hand. Ein gutes hat der Regulierungsschub aus Brüssel. Laubsauger werden aus dem öffentlichen Leben verschwinden, denn ihre totregulierte Leistung reicht höchstens, um eine Feder aufzuwirbeln. Mit zwei Laubsaugern und einem Föhn könnte man sich vielleicht dann aber doch noch die Haare trocknen, vor allem, wenn man einen Toaster zu Hilfe nimmt.

Frage 134

Träumen Androiden von elektrischen Zigaretten?

Nach Ansicht von ernstzunehmenden Forschern sind elektronische Zigaretten für Jugendliche eine Einstiegsdroge. Wer an der elektronischen Zigarette gezogen hat, will bald auch an den echten Stoff ran. Die Weltgesundheitsorganisation WHO möchte daher den Verkauf und die Verbreitung der elektronischen Droge stärker reglementieren. Jugendliche unter 16 Jahren sollen beispielsweise nur noch elektronische Kaugummizigaretten kaufen dürfen, wahlweise auch in der Schokoladenausführung. Es muss nur noch geklärt werden, ob die elektronische Kaugummizigarette irgendwelche Nebenwirkungen hat. Grundsätzlich muss man sich natürlich die Frage stellen, ob denn nur die E-Zigarette so brandgefährlich ist. Sind nicht eigentlich alle Dinge, die mit dem verhängnisvollen »E« anfangen eine Bedrohung für unsere ständig suchtgefährdeten Jugendlichen? Wer einmal am E-Book gezogen hat, der will bestimmt eines Tages auch mal ein richtiges Buch in Händen halten. Und bei einem wird es bestimmt nicht bleiben. Ob das für die Gesundheit des jungen Menschen zuträglich ist, darf bezweifelt werden. Mit einem unschuldigen E-Bike fängt es an und plötzlich wird der Drang übermächtig, ein echtes Fahrrad zu besitzen, Rennen zu fahren und sich mit Drogen vollzustopfen. Und wer auch nur einmal am E-Ierlikör genippt hat, will praktisch sofort auf analogen Wodka umsteigen.

Frage 135

Gibt es zu viele Pandabären?

In China läuft die Panda-Bär Produktion auf Hochtouren. Der Große Panda, Wappentier des WWF und die personifizierte Rote Liste kann in jeder gewünschten Stückzahl hergestellt werden. Die Chinesen haben alle Geheimnisse seines so gut wie nicht vorhandenen Sexlebens entschlüsselt. Eine Pandabärin ist im Monat circa 12 Minuten empfängnisbereit. Die gilt es zu erkennen und eiskalt auszunutzen. Chinesische Pandabärologen verbringen im Schichtdienst 24 Stunden mit den Tieren und wissen sofort, wenn die Pandabärin ihre linke Augenbraue hochzieht und dem Männchen mit der Tatze winkt, dass es jetzt »soweit« ist. Dann überlassen sie die Arbeit natürlich nicht dem unfähigen Bären, sondern legen selbst Hand an. Das Ergebnis ist eine beachtliche Pandapopulation, die als Exportartikel Millionen einbringt. Die Bären kann man nur leasen, versehentlich auf natürlichem Wege entstandener Nachwuchs muss sofort in China abgeliefert werden. Die Massenproduktion ist aber kaum aufzuhalten und bald wird es eine regelrechte Pandaplage geben. Pandas werden zu einem vertrauten Anblick in unseren Einkaufszonen werden. Sie fressen die Bambuspflanzen in unseren Vorgärten und benehmen sich unmöglich. Da sie an ein Leben durch Spenden gewöhnt sind, sitzen sie einfach neben einem Pappschild mit der Aufschrift: »Bitte geben Sie reichlich oder ich sterbe sofort aus«.

Frage 136

Kann man bei Ikea wirklich alles zurückgeben?

Ikea bietet seinen Kunden ein lebenslanges Rückgaberecht. Das bedeutet nichts weniger, als das Ikea von einem Einrichtungskaufhaus zu einem Möbelverleih wird. Man zahlt eine einmalige Aufnahmegebühr in Höhe einer Wohnungsmöblierung und dann kann man alle zwei oder drei Jahre die Einrichtung zurückbringen und bekommt eine neue, bzw. das Geld zurück. Sofern man die Kassenbelege gesammelt hat. Damit übernimmt Ikea auch die Funktion des Sperrmülls. Man gibt seine Pressspanherrlichkeiten einfach dort ab, wo man sie hergeholt hat. Das lebenslange Rückgaberecht ist ein vernachlässigtes Menschenrecht. Es sollte längst für Ehepartner, Regierungen, Haustiere, Autos, Bücher und vor allem für den eigenen Körper gelten. Den konnte man sich ja noch nicht mal aussuchen. Als Quittung gelten Geburtsurkunde oder Taufschein. Bei Ikea kann man natürlich auch den kleinen Maximilian oder die kleine Sophie, die irgendwann unbedingt aus dem Kinderparadies abgeholt werden wollten, wieder zurückbringen, wenn sie nicht mehr zur Einrichtung passen. Falls man sich damals beim Abholen eine Quittung ausstellen ließ.

Frage 137

Was bleibt von Klaus Wowereit?

Bei der Ankündigung seines Rücktritts erklärte Klaus Wowereit, er sei stolz auf den Beitrag, den er zur Entwicklung der Stadt leisten konnte. Diese Aussage hat allgemeines Entsetzen ausgelöst und in Wilmersdorf sogar zu einer Panikreaktion geführt, bei der zwei Espressotassen umfielen. Fachleute rätseln, welcher Beitrag das wohl gewesen sein könnte. Parteikollegen von Wowereit fragen sich, ob sie etwas übersehen haben könnten. Ein Denkmalssockel mit der Aufschrift »Dem Stadtentwickler« wurde schon mal in Auftrag gegeben. Was man auf den Sockel stellen will, ist noch unklar. Im städtischen Bauhof stehen mehrere Bronzepferde, die man zu irgendetwas Symbolischen zusammenschmelzen könnte. Eine Historikerkonferenz soll herausfinden, ob Wowereit irgendetwas mit dem Mauerfall zu tun hatte, bzw. ob der Mauerfall sogar auf ihn zurückzuführen ist. Bürger wurden aufgefordert, der Stadt wowereithafte Entwicklungen zu melden, damit man diese kennzeichnen könne. Einig ist man sich nur darüber, dass die größte und möglicherweise einzige Entwicklungsleistung von Klaus Wowereit die Geburt des Eisbären Knut war.

Frage 138

Wieviel versteckte Fette sind in der Butter?

Mehr als ein Drittel der Deutschen nimmt Nahrungsergänzungsmittel zu sich, weil sie glauben, ihr Körper brauche das. Und da haben sie recht: selbst ein so hochgelobtes Gemüse wie der Brokkoli hat eklatante Mängel. Er enthält weniger als 0,1 Prozent Vollmilchschokolade. Den Tagesbedarf von ca. 200 Gramm kann man nur durch Schokoladentafeln decken, ein hochwirksames Nahrungsergänzungsmittel, das sogar an Tankstellen zu haben ist. Wie australische Wissenschaftler nachweisen konnten, enthalten Apfelsinen, Bananen und Melonen kaum Nikotin. Raucher werden von diesen Obstsorten enttäuscht sein, selbst wenn sie fünf Melonen am Tag essen, wird ihr Nikotinbedarf nicht gedeckt. Sie müssen sich mit Zigaretten oder Zigarren behelfen, die oft nur schwach vitaminhaltig sind. Obst enthält auch nur sehr wenig Fruchtgummi, das aber im örtlichen Fruchtgummihandel problemlos erworben werden kann. Das Topnahrungsmittel Wasser ist zwar in aller Munde, aber es hat einen entscheidenden Nachteil: es enthält kein Bier und damit ist nicht zu spaßen: Biermangel kann Durstzustände und Anfälle von Nüchternheit hervorrufen.

Frage 139

Wie können wir Amazon ohne allzu großes Blutvergießen besiegen?

Amazon ist auf dem Weg zur Weltherrschaft. Das Unternehmen, dessen Umsatz größer ist als das Bruttosozialprodukt von Spanien, versucht die Kontrolle über alle Bereiche des menschlichen Zusammenlebens an sich zu reißen. Neben Toilettensitzen mit Absenkautomatik, Inkontinenzwindeln, Käsereiben und Thrombosestrümpfen verkauft Amazon auch Bücher, ein skurriles Nischenprodukt, das junge Menschen nur noch aus den muffigen Wohnungen ihrer Eltern kennen. Dank ausgeklügelter Technik, weiß Amazon genau, wer was wann wo wie lange liest. Amazon weiß sogar, was man lesen wird, bevor man es selber weiß, und schickt uns das, von einem Schreib-Roboter verfaßte Buch einfach zu. Eine Armada von waffenfähigen Drohnen steht bereit, um Bücher direkt ins Hirn der Kunden zu transportieren. Wer sich weigert, die Ware anzunehmen, könnte bald erleben, wie sein Haus von Amazon in Schutt und Asche gebombt wird. Als Warnung für die Nachbarn. Der Börsenverein des Deutschen Buchhandels und eine über tausend Personen starke Autorenguerillatruppe haben jetzt den Einsatz von Blauhelm-Soldaten gefordert. Sie sollen Briefkästen gegen die mörderischen Amazonpakete verteidigen. Buchhändler müssen mit kugelsicheren Westen und Flugabwehrgeschützen gegen Amazondrohnen ausgestattet werden. In letzter Konsequenz muss die Regierung auch den deutschen Leser mit Waffen beliefern.

Frage 140

Was trinken dicke Raucher?

Rauchen verkürzt das Leben um neun Jahre. Das teilt uns das Deutsche Krebsforschungszentrum mit. Die häufig geäußerte Ansicht, Nichtrauchern käme ihr Leben nur länger vor, ließ sich nicht empirisch belegen. Lebenszeit ist eine knappe und sehr kostbare Ressource, die jedem Bürger nur einmal zur Verfügung gestellt wird. Leider kostet nicht nur das Rauchen Lebenszeit. Fettleibigkeit verschlingt über drei Jahre Lebenszeit, nicht eingerechnet die Zeit, die man damit verschwendet hat, sich das Fett anzufressen, statt ein gutes Buch zu lesen oder Beethoven zu hören oder wenigstens ein Buch über Beethoven zu lesen. Alkoholkonsum kostet mindestens drei Jahre. Dicke Raucher, die trinken, oder rauchende Trinker, die zu viel essen, können schon mal so um die 15 bis 17 Jahre von ihrer Gesamtlebenszeit abziehen. Bei einem Durchschnittsalter von 77 (Männer) Jahren, bleiben noch ca. 60, von denen man ein Drittel verschläft und ein Drittel mit Lohnarbeit verschwendet. Die restlichen 20 Jahre verbringt man mit Fernsehen, Internet und Anstehen an der falschen Supermarktkasse, so dass die meisten Menschen gar nicht zum Leben kommen.

Frage 141

Hat zufällig jemand die Absicht, eine Mauer zu bauen?

Nur jeder zweite Deutsche weiß noch, wann die Mauer gebaut wurde, jeder andere Deutsche weiß es nicht. Das Mauerbauwissen der Bevölkerung ist beklagenswert gering. Ältere Menschen, die die Mauer noch persönlich gekannt haben, wissen besser Bescheid als Jüngere, die die Mauer nur aus Erzählungen der Älteren kennen. Jetzt rächt sich, dass man in Berlin eines der wenigen wirklich funktionierenden Bauwerke größtenteils abgerissen hat. Die Erklärung von Fremdenführern »und hier stand mal die Mauer« wird von Touristen mit Unverständnis aufgenommen. The Berlin Wall wird bei eBay zwar noch in Einzelteilen angeboten, doch es ist zweifelhaft, ob sich daraus noch die vollständige Originalmauer rekonstruieren ließe. Aber warum wird die Mauer nicht einfach neu gebaut, das ging ja beim Stadtschloss auch? Dann könnten sich junge Menschen viel besser vorstellen, wie das mal war, und das Datum würden sie sich vielleicht auch noch merken. Berlin hätte außerdem eine zusätzliche Einnahmequelle, denn wer einen der 25 Übergänge durchquert, muss blechen. Früher nannte man das Zwangsumtausch, heute heißt es Mauermaut.

Frage 142

Sind unsere Organe noch sicher?

Fast jede Woche gibt es einen neuen Organspendeskandal. Wahrscheinlich wurde jedes zweite Organ illegal eingesetzt und jedes dritte illegal entnommen. Das Misstrauen in der Bevölkerung wächst, das Vertrauen schwindet. Viele fragen sich: in welchem Zusammenhang stehen die Lockerungen im Sterbehilfegesetz mit dem Bedarf nach immer mehr Organspenden? Die ersten Spender fordern bereits ihre Organe zurück oder verlangen einen Nachweis über den ordnungsgemäßen Einbau. Was kann die Politik tun? Sollen CDU-Abgeordnete mit gutem Beispiel voran gehen und ihren Blinddarm spenden? Gerade die Union hatte ja in der Vergangenheit einige Probleme mit ihrer Spendenpraxis, vielleicht könnte sie mit dieser Maßnahme Vertrauen zurückgewinnen? Die Einführung des elektronischen Spendenausweises, mit dem man Organe bei Bedarf einfach abbuchen kann, scheint jetzt eher unwahrscheinlich. Und ob das ZDF wirklich gut beraten ist, eine Organspendengala zu veranstalten, bei der man zwei Herzen und als Hauptpreis eine Leber gewinnen kann? Und das alles unter dem Motto: mit der Zweiten trinkt man besser.

Frage 143

Wozu sind Pferde gut?

Nach EU-Angaben ist in Rindfleischprodukten kaum noch Pferd zu finden. Liebhaber von Pferdefleisch müssen sich also umorientieren. Selbst wenn die Ochsenschwanzsuppe stark nach Pferdeschweif schmeckt, ist die Wahrscheinlichkeit inzwischen doch sehr hoch, dass es sich wirklich um Ochsenschwanz handelt, zumindest um ochsenschwanzidentische Aromastoffe. Was wird jetzt aus den ganzen Pferden, die man früher jahrelang unserer Lasagne oder dem Hackfleisch beimengte? Wo sind die jetzt drin? Woraus basteln die Schweden ihre Köttbullar, die man zur mentalen Stärkung beim Möbelkauf unbedingt essen sollte? Füllen die da Pressspanreste, bzw. zerschredderte Billy-Regale rein? Pferdefleisch ist jedenfalls nicht mehr in Köttbullar, und damit scheint auch klar, dass kein Pferdefleisch im Billy-Regal ist. Was bedeutet das Verschwinden des Pferdes aus der Lasagne? Droht uns jetzt etwa eine gigantische Pferdeplage? Werden Pferdeherden wie Heuschreckenschwärme in unsere Felder einfallen und die Ernte vernichten? Wozu kann man Pferde eigentlich noch gebrauchen, außer zum Essen?

Frage 144

Was lernen Kinder in der Hundeschule?

Der nächste Monat bringt einschneidende Veränderungen für den Verbraucher mit sich. Fahrradbeleuchtungen von E-Bikes dürfen mit Akkus betrieben werden, man darf aber den so erzeugten Strom, laut dem Erneuerbaren-Energie-Gesetz, nach der Fahrt nicht kostenlos ins Netz einspeisen. Hundeschulen brauchen eine Genehmigung und das Betreuungsgeld wird angehoben. Das bedeutet, man kann sein Kind jetzt selber zuhause behalten und bekommt dafür 150 Euro im Monat. Gesellschaftlich wird man dadurch aber zum Außenseiter, denn nur Islamisten und Sektenangehörige betreuen ihre Kinder zuhause. Aufgeklärte Bürger geben ihre Kinder irgendwo ab. Für viele stellt sich da die Frage: ist eine Hundeschule wirklich eine gute Alternative? Man kann davon ausgehen, denn die Lehrer müssen seit dem 1. August ihre Fachkenntnisse und Fähigkeiten nachweisen. Hat die Hundeschule eine staatliche Erlaubnis, kann man sein Kind bedenkenlos dort abgeben. Es lernt dort an der Leine zu gehen und Basisgehorsam wie »Sitz« und »Platz«. Selbstverständlich wird auf Stubenreinheit geachtet und auf Wunsch lernt das Kind auch Männchenmachen.

Frage 145

Was ist dran am Mythos Killer-Kuh?

Das gefährlichste Raubtier in Mitteleuropa ist die Kuh. Es sterben mehr Menschen durch Angriffe von Kühen als durch Angriffe von Außerirdischen oder nordkoreanische Raketen. Die Tiere wirken plump, bedächtig, sanftmütig, kurz gesagt harmlos. Aber Amokläufer machen auch immer einen harmlosen, unauffälligen Eindruck, bis sie dann irgendwann Amok laufen und zu Killer-Kühen werden. Kühe ernähren sich von Pflanzen, verschmähen aber auch einen Vegetarier nicht, wenn sie ihn kriegen können. Kühe verfügen über unglaublich viele Mägen, sie bestehen eigentlich hauptsächlich aus Mägen. Damit können sie einen Menschen mehrfach verdauen und wiederkäuen. Wir haben die Kuh auf jeden Fall unterschätzt. Stattdessen haben wir sie bis auf den letzten Tropfen ausgequetscht oder gleich geschlachtet und ihre Kinder zu Wiener Schnitzeln verarbeitet. Jetzt schlägt die Kuh zurück. Den einzelnen Wanderer zerquetscht sie und die ganze Menschheit will sie durch permanenten Methanausstoß in die Klimakatastrophe treiben. Wir können nichts dagegen tun. Die Bundeswehr ist auf den Kuhnahkampf nicht vorbereitet und es gibt einfach zu viele Kühe. Insgesamt leben 12,7 Millionen Rinder in unserem Land. Wenn die sich zusammentun, könnten sie dünn besiedelte Bundesländer wie Niedersachsen, Schleswig-Holstein oder Mecklenburg-Vorpommern in wenigen Stunden unter ihre Kontrolle bringen.

Frage 146

Warum wollen sich eigentlich immer nur die Frauen scheiden lassen?

Ehen dauern immer länger. 2013 hielten sie über 14,5 Jahre, 1993 waren es noch drei Jahre weniger. Doch trotzdem zerbricht irgendwann noch immer jede dritte Ehe. Woran liegt das? Paartherapeuten und Beziehungswissenschaftler fanden heraus: in Deutschland ist eine Scheidung noch immer der Hauptgrund für das Ende einer Ehe. Dieser Umstand wird häufig übersehen. Eine Scheidung will gut überlegt sein, viele Paare sind vollkommen überrascht, dass nach einer Scheidung die Ehe beendet ist und man den Hund nur noch Donnerstagnachmittag sehen darf. Ein weiterer Trennungsgrund wird auch gerne verdrängt, dabei geht 100 Prozent aller Scheidungen eine Heirat voraus. Hier müssten Therapeuten ansetzen und hilflosen Paaren Exit-Strategien anbieten. Die Zahl der Scheidungen nach der Silberhochzeit wächst ständig. Dagegen hilft, die Silberhochzeit nicht zu feiern, am besten sollte man Ehejahre gar nicht zählen, dann fällt einem auch nicht auf, dass man schon über 25 Jahre verheiratet ist. Die Mehrzahl der Scheidungen geht übrigens von der Frau aus. Das könnte man verhindern, indem man erst gar keine Frau heiratet.

Frage 147

Sind Baumärkte die Kulturzentren des 21. Jahrhunderts?

In Deutschland gibt es zu viele Baumärkte. Das hat ein Expeditionsteam der Universität Leipzig herausgefunden. Z.Z. kommen auf jeden Bewohner vier Baumärkte. Das ist krank. Die Weltgesundheitsorganisation WHO hält einen Baumarkt für je zehn Personen für ein angemessenes Verhältnis. Die Bürger geraten unter einen ungeheuren Druck. Von allen Seiten wird ihnen suggeriert, sie könnten praktisch alles selber machen, wenn sie nur im richtigen Baumarkt einkaufen. Familiäre Beziehungen leiden, Hobbykeller platzen aus allen Nähten. In Aachen wurde ein Mann von der eigenen Werkzeugkiste erschlagen, in Grävenwiesbach mauerten sich drei Männer selber ein und wurden erst nach Wochen von ihren Familien vermisst. Der Filialleiter von Obi hatte besorgt angerufen, weil die Männer seit drei Wochen kein neues Werkzeug gekauft hatten. Landesweit leidet die Bauqualität unter dem Do-It-Yourself-Wahn. Die Elbphilharmonie gilt als das erste Konzerthaus der Welt, dass Heimwerker in ihrer Freizeit geplant und teilweise aufgebaut haben. Auch Stuttgart 21 und der Hauptstadtflughafen sind das Werk von Hobbybastlern.

Frage 148

Wie kommt der Landarzt aufs Land?

Immer weniger Ärzte wollen aufs Land ziehen. Schon heute gibt es in Niedersachsen, Mecklenburg und Sachsen-Anhalt riesige, staubige Landstriche, die praktisch ärztefrei sind. Die Menschen dort können nicht krank werden, weil es in ihrer nächsten Umgebung niemanden gibt, der das diagnostizieren würde. Junge Mediziner fürchten die rauhen Sitten und Gebräuche heidnischer Ureinwohner, das unwirtliche Klima und die gefährliche Tier- und Pflanzenwelt. Die Bundesregierung will in den betroffenen Gebieten gezielt Privatpatienten ansiedeln, das lockt Ärzte normalerweise sofort an. Doch Universitätsabgänger sind nicht mehr bereit, nach einem langen Studium noch komplizierte Fremdsprachen wie Plattdeutsch, Schwäbisch oder Ostwestfälisch zu lernen, die häufig nur aus Guttural- oder Zischlauten bestehen. Sie sind zu Recht besorgt, dass sie in Gegenden wie dem Sauerland oder dem Solling, wo die Menschen keine Schrift kennen, Probleme mit Rezepten haben werden, die niemand lesen kann. Dazu kommt die irrationale Angst, Kinder behandeln zu müssen, die aus einer Beziehung zu einer Kuh oder einem Schaf entstanden sind.

Frage 149

Welche Organisationen haben den größten Anteil am weltweiten Terror?

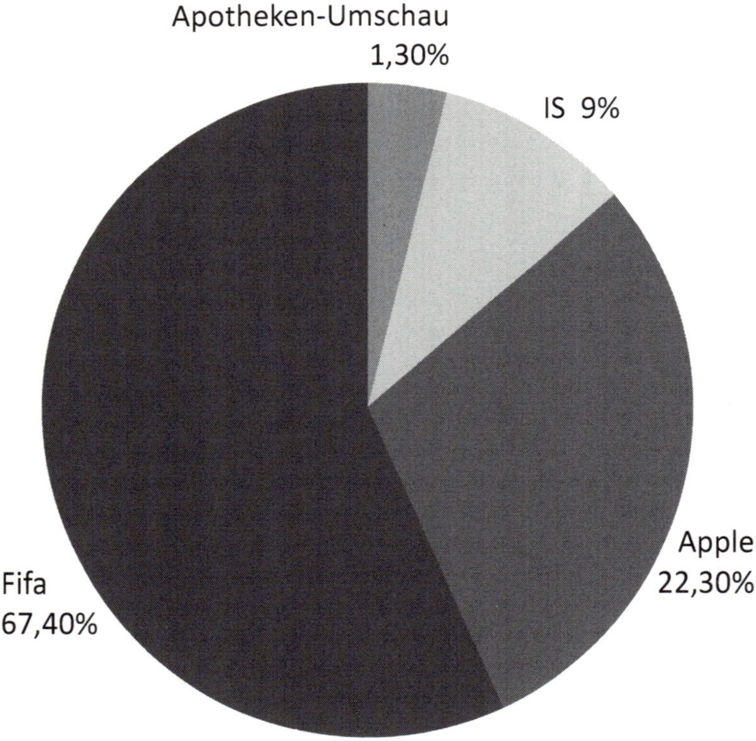

Frage 150

Hat Andrea Nahles ein Arschgeweih?

Sieben Millionen Deutsche sind tätowiert, weiteren zehn Millionen ist das unangenehm, deshalb geben sie es nicht zu, und 700.000 sind offiziell unzufrieden mit ihrem Tattoo. Die Gründe dafür sind vielfältig, auf dem Arm ist kein Platz mehr für einen weiteren Frauennamen oder man hat herausgefunden, was die chinesischen Schriftzeichen wirklich bedeuten, die einem der albanische Tätowierer zum Sonderpreis in die Haut gestochen hat. Im Kabinett sind erstaunlich viele Politiker beschriftet, allerdings würden sie es nie zeigen. Angela Merkel hat auf dem Rücken eine Karte der DDR, die sie nur besonderen Staatsgästen zeigt. Die sind aber begeistert, wie der chinesische Staatschef oder Barack Obama. Sigmar Gabriel hat auf der Brust den Claim: »Ich bin 2 Öltanks«, aber in Chinesisch, das wäre sonst etwas peinlich. Auf dem Rücken steht: »Kanzler 2017-2029«. Ursula von der Leyen trägt auf dem Oberarm die Namen und Geburtsdaten ihrer Kinder, damit sie nicht durcheinander kommt. Schäuble soll fast am ganzen Körper mit einer schwarzen Null beschriftet sein. Auf Frank-Walter Steinmeiers Rücken steht: »Raum für Notizen«.

Frage 151

Daddeln unsere Kinder zu viel herum?

98 Prozent aller Kinder und Jugendlichen beschäftigen sich täglich mit Computer- und Videospielen. Die restlich zwei Prozent haben gerade Stubenarrest oder sind zu betrunken, um die oft sehr komplizierten Spiele zu bewältigen. Knapp 120 Minuten verbringen Jugendliche täglich an Konsolen, Tablets oder Smartphones mit Spielen, dazu kommen noch 3,5 Stunden in sozialen Netzwerken wie Facebook, Instagram oder tumblr. Etwa 100 Minuten sind Jugendliche mit Whatsapp oder der archaischen Kunst des Simsens beschäftigt. Für das freie Surfen im Internet und Onlineshopping gehen auch noch 70 Minuten drauf. Ein Sprecher des IT-Interessensverbandes Bitkom forderte die Kultusminister der Länder auf, endlich flächendeckend die Hausaufgaben abzuschaffen. Die Belastung mit sinnlosem Schulstoff ist inzwischen so groß, dass die Schüler ihr anspruchsvolles Spielepensum nicht mehr schaffen können. Dadurch kommen Tausende schöner Highscores und Aufstiege in höhere Level nicht zustande. Eltern müssen wachsam sein und den Nachwuchs im Auge behalten. Ein erzwungener Aufenthalt an der frischen Luft kann ihr Kind mehrere Leben kosten.

Frage 152

Wo ist Flug MH 370?

Es gibt insgesamt 3491 Theorien über den Aufenthaltsort der vermissten Boeing 777 der Malaysia Airlines, davon sind 939 nicht ganz unwahrscheinlich. Eine Theorie wurde allerdings bisher noch nicht in aller Ausführlichkeit diskutiert, obwohl es die allerwahrscheinlichste zu sein scheint. Der Flug MH 370 ist nämlich keineswegs irgendwo auf dem offenen Meer verschollen, sondern auf dem Berliner Hauptstadtflughafen gelandet. Ein Wahnsinnscoup von Hartmut Mehdorn. Er hat dafür gesorgt, dass die Maschine nach Berlin umgeleitet wurde und unbemerkt auf einer der vielen, fast so gut wie beinahe fertiggestellten Landebahnen aufsetzen konnte. Er durfte mit dieser erfreulichen Nachricht bisher leider nicht an die Öffentlichkeit gehen, weil die Maschine wohl noch nicht endgültig abgefertigt ist. Eins der Gepäckförderbänder klemmt oder ist nicht lang genug oder die Kaffeeautomaten funktionierten nicht. Außerdem reichte die Gangway möglicherweise nicht ganz bis zur Flugzeugtür. Das sind alles unbestätigte Gerüchte. Eins steht nach Ansicht von Experten aber fest. Sollte die Maschine wirklich auf dem Hauptstadtflughafen gelandet sein, dann ist sie für immer verloren.

Frage 153

Erobern die Zecken jetzt auch unsere Städte?

Zecken erobern jetzt auch unsere Städte. Schuld sind verantwortungslose Wirtstiere wie Mäuse, Ratten und Katzen, auf denen es sich die Zecken gemütlich gemacht haben. Mäuse- und Rattenhalter sollten ihre Lieblinge daher verstärkt nach Zecken absuchen. Katzen die Mäuse mit Zeckenbefall gefressen haben sind auch gefährdet. Menschen sollten in Großstädten auf den Verzehr von Katzen verzichten. Das raten Parasitologen, die meistens zeitgleich mit größerem Zeckenbefall auftreten. Parasitologen sind aber weitgehend harmlos, sie gelten als nützlich und sollten nicht chemisch bekämpft werden. Der Bürger muss seine ganze Kraft der Zeckenbekämpfung und nicht der Parasitologenvernichtung widmen. Möglicherweise ist der Kampf aber vergebens. Zecken sollen den Bau des Hauptstadtflughafens systematisch sabotiert haben und auch auf der Baustelle der Elbphilharmonie wurden Zecken gefunden. Es gibt einfach viel mehr Zecken als Menschen. Auf einen Deutschen kommen ca. 200.000 Zecken und die reichen, um den Deutschen innerhalb einer Stunde komplett auszusaugen. Das schafft kein Makler und erst recht kein Anlageberater.

Frage 154

Muss man schreien, wenn man Post vom Internet bekommt?

Eine neue EU-Richtlinie besagt, dass der Empfänger die Kosten der Rücksendung tragen soll. Es besteht allerdings keine unbedingte Rücksendepflicht. Obwohl viele Kunden von Zalando glauben, sie müssten der Firma jedes bestellte Paar Schuhe zunächst einmal zurückschicken, weil das so Brauch ist, bzw. weil es die allgemeinen Geschäftsbedingungen verlangen. Dort heißt es angeblich irgendwo im ganz klein Gedruckten, man solle kurz vor Glück schreien und dann die Ware zurückschicken. Anders verhält es sich bei Amazon. Wer ein Paket des Online-Buchhändlers erhält, kann die Ware ohne Glücksschrei zurücksenden. Der Kunde muss noch nicht mal ankreuzen, dass die Bücher zu klein waren oder die Farbe nicht gefallen hat. Was viele nicht wissen: man kann bei Amazon auch den unpassenden Schuh zum Buch bestellen, gleich zurückschicken und wieder neu bestellen. Die Post schätzt, dass etwa 200 Millionen Pakete jahrelang immer wieder vom Absender zum Empfänger und zurück geschickt werden, ohne dass die Sendung jemals geöffnet wurde.

Frage 155

Ist das Handtuch die schärfste Braut des Soldaten?

Die deutsche Waffenindustrie hat im vergangenen Jahr ihre Exporte um fast 25 Prozent steigern können. Der Großteil der Waffen ging in Länder, die nicht der EU oder Nato angehören. Es ist wichtig, dass wir deutsche Waffen vor allem in Krisengebiete liefern, damit dort qualitativ hochwertige bewaffnete Auseinandersetzungen stattfinden können. Wenn Länder wie Iran, Nordkorea, Qatar oder China unsere Waffen schätzen lernen, werden sie sich vielleicht auch für unsere wehrhafte Demokratie interessieren. Jede deutsche Waffe ist ein treffsicherer Botschafter deutscher Lebenskultur. Ein weiterer positiver Effekt: jede Waffe, die wir irgendwie außer Landes schaffen, wird hier keinen Schaden mehr anrichten. Deshalb kann Deutschland gar nicht genug Waffen exportieren. In Deutschland selber ist die Begeisterung für bewaffnete Angriffskriege fast erloschen, die schärfste Waffe des Deutschen im Ausland ist sein Handtuch, mit dem er überfallartig Liegestühle besetzt. Deutsche Handtücher halten in der ganzen Welt immerhin eine Fläche von der Größe Belgiens besetzt, und das fast ohne Blutvergießen.

Frage 156

Kann man den Ölwechsel mit der Krankenkasse abrechnen?

Mehr als die Hälfte aller Krankenkassenabrechnungen sind zu hoch. Sehr häufig werden Leistungen abgerechnet, die gar nicht erbracht wurden. Immer wieder entdeckten die Prüfer, dass Medikamente als »Mini-Bar-Entnahme« oder ein Transport vom Zimmer in den OP-Saal als »Taxifahrt« gelistet wurden. Vollnarkosen wurden als »Selbsterfahrungskurs« oder »Schlafkur« abgerechnet, die Verabreichung einer Spritze läuft gern unter »Akupunkturbehandlung«. Wenn jemand von morgens 6:00 Uhr bis 18:45 mit nüchternem Magen auf den Beginn seiner OP wartet, dann erhalten Krankenkassen eine Rechnung über einen Tag »Heilfasten, incl. Entgiftung«. Bei so gut wie jeder OP wurde außerdem ein Blinddarm entnommen, jährlich insgesamt 84 Millionen Mal. Die Weltgesundheitsorganisation WHO registriert verwirrt, dass die Deutschen durchschnittlich drei Blinddärme haben, das sei »eine besorgniserregende Mutation«. Rechnungsposten wie »Batterieaufladen«, »Luftfilter wechseln« und »Wischwasser nachfüllen« sind an der Tagesordnung. Erhielt ein Patient die Sterbesakramente wurden 85,40 Euro plus Mwst. fällig für »den letzten Ölwechsel«.

Frage 157

Schloss oder Liebe?

Liebesschlösser drohen die Brücken der Welt zum Einsturz zu bringen. Gerade wurde in Paris die Pont des Arts geschlossen, die sich unter der Last von 9,5 Tonnen Vorhängeschlössern biegt. Dagegen wird die Hohenzollernbrücke in Köln nur noch durch Liebesschlösser zusammengehalten. Ein echtes Dilemma. Die vorhängeschlösserproduzierende Industrie verzeichnet Rekordumsätze und Vollbeschäftigung. Auf das Schloss schreibt oder graviert man die Namen der Liebenden, etwa »Mandy & Mike« oder »Mirco & Vanessa« und das Datum und hängt es an die nächste verfügbare Brücke. Der Brauch, anschließend die Schlüssel in den Fluss zu werfen, hat den Rhein seit 2002 um 10 Zentimeter ansteigen lassen. In drei Jahren soll er nicht mehr schiffbar sein. Inzwischen gibt es kaum noch Raum für neue Schlösser, Schlossplatzvermittlungsagenturen bieten Hängeschlossplätze an der Pariser Pont Neuf für 2000 Euro, Wartezeit drei Jahre. Wenn eine Beziehung nicht mehr besteht, muss das Schloss entfernt werden. Nach der Bundestagswahl wurde das Angela & Guido-Schloss an der Weidendammer Brücke gegen eins mit der Aufschrift »Angela & Sigmar & Horst« ersetzt.

Frage 158

Muss man bei plötzlich einbrechender geistiger Umnachtung ein Wahndreieck aufstellen?

Wer keine Warnweste im Auto dabei hat, muss fünfzehn Euro Strafe zahlen. Die Warnweste kann rot, gelb oder orangefarben sein und muss ständig mitgeführt werden. Die Warnweste sollte bei allen gefährlichen und unübersichtlichen Situationen angelegt werden, also beim Überholen, beim Spurwechsel oder wenn man versehentlich einen Sender eingeschaltet hat, in dessen Namen das Wort »Antenne« vorkommt. Wer ohne Warnweste am Steuer telefoniert zahlt mindestens 150 Euro Geldbuße. Warnwestenpflicht herrscht im Stadtgebiet von Offenbach. Offenbacher müssen im gesamten Bundesgebiet zwei Warnwesten übereinander tragen. Wer als Schaulustiger Rettungsarbeiten behindern möchte, muss selbstverständlich auch eine Warnweste anziehen. Im Frühjahr und Herbst sollte man über die Anschaffung einer Übergangswarnweste nachdenken. Für modebewusste Verkehrsteilnehmer gibt es sehr ansprechende dreiteilige Warnanzüge, auf Wunsch mit zweiter Hose, Warneinstecktuch und passender Warnkrawatte. Wer kein Warndreieck hat, kann, falls vorhanden, drei Mitfahrer mit Warnwesten in Dreiecksform aufstellen.

Frage 159

Wo kommen die deutschen Kinder her?

Wie kann man die Geburtenrate steigern? Das versuchen deutsche Familienpolitiker und Wissenschaftler seit Jahren herauszufinden. Nach neuesten Untersuchungen scheint es einen signifikanten Zusammenhang zwischen Geschlechtsverkehr und Geburtenrate zu geben. Diese Erkenntnis hat für Verblüffung gesorgt aber tatsächlich entstehen 95,4 Prozent aller deutschen Kinder auf diese Art und Weise. Der Rest entsteht unter Laborbedingungen. Der sicherste Weg, ein Kind zu zeugen, wäre ein Geschlechtsverkehr im Labor, aber dazu gibt es noch zu wenige Labore in Deutschland. Es gibt aber auch zu wenig Kitas. Die sind nämlich ebenfalls ein entscheidender Faktor bei der Fortpflanzung. Je mehr Kitas, umso mehr Kinder. Eine Kita wirkt sich extrem positiv auf die Fruchtbarkeit von Mann und Frau aus. Die Bundesregierung will daher bis 2020 die Anzahl von Kitas mit angeschlossenen Laboren verdoppeln. Geld spielt bei der Fortpflanzung auch eine Rolle. Viele Paare würden sofort ein Kind herstellen, wenn sie dafür eine Million Euro bekämen, viele würden sich aber auch mit 500.000 begnügen und dafür auf das Kind verzichten.

Frage 160

Will der Reisende wirklich wissen, warum der Zug nicht kommt?

Die Bahn muss ihre Kunden in Zukunft besser über Zugausfälle und Verspätungen informieren. Das hat das Oberverwaltungsgericht in Münster entschieden. Viele kleinere Bahnhöfe und Haltepunkte sind noch nicht mit entsprechenden Hinweistafeln ausgerüstet. Hier muss entweder ein uniformierter Ausrufer mit wohlklingender Stimme eingesetzt werden oder die Bahn lässt Flugblätter aus Hubschraubern abwerfen. Bei Verspätungen von mehr als zwei Tagen müssen Beruhigungsmittel und Kreuzworträtselzeitschriften verteilt werden. Dagegen darf die Bahn auf gar keinen Fall mehr über umgekehrte Wagenreihung oder den Ausfall der Reservierungsanzeige informieren, denn das erwartet der Kunde ganz automatisch. Nur wenn die Wagenreihung stimmt und die Reservierungen angezeigt werden, muss unbedingt eine deutlich erkennbare Warnung erfolgen, damit die Reisenden nicht zu verwirrt sind. Der bisher obligatorische Hinweis auf »unseren gastronomischen Service im Speisewagen, wo unser Team sie gerne erwartet« sollte ebenfalls unterbleiben. Eine Informationspflicht bestünde nur, wenn das Team die Reisenden ungern erwartet.

Frage 161

Muss man Mücken mit der Dose töten?

Die Stiftung Warentest hat Mückenmittel getestet und festgestellt, dass nur wenige halbwegs etwas taugen. Die mückenmittelverarbeitende Industrie weiß einfach zu wenig über Mücken. Warum sind es nur die Weibchen, warum kreisen sie nachts immer ausgerechnet über unserem Ohr und woher kommen eigentlich die vielen roten Stellen auf der Schlafzimmertapete? Das sind nur ein paar elementare Mückenfragen, aber sie zeigen, dass es mehr Mücken gibt als wir mit unserer Schulweisheit erschlagen können. Das beste Mittel gegen Mücken ist ein leistungsstarker Ventilator, den man direkt neben das Kopfkissen stellen sollte. Völlig wirkungslos sind Mückenarmbänder, denn die Insekten können die eingravierten Warnhinweise wie »Stechen verboten« nicht lesen. Selbst ein bewährter Spruch wie »Wenn ihr uns stecht, bluten wir nicht« hilft nicht gegen die ungebildeten Tiere. Am wirkungsvollsten ist es, wenn man die Mücken mit dem Armband erschlägt oder mit der Shakespeare-Gesamtausgabe. Wer zum nächtlichen Mückenmord neigt und sein Schlafzimmer nicht alle sechs Monate renovieren will, sollte außerdem sicherstellen, dass sein Blut die gleiche Farbe wie die Tapete hat.

Frage 162

Wenn Gott ein Berliner wäre, hätte er die Welt jemals erschaffen können?

Das Holocaust-Mahnmal bröckelt. Der Beton, den Architekt Peter Eisenmann als »den besten Beton, den ich je in Berlin gesehen habe« lobte, wurde im Aachener Bauforschungsinstitut untersucht. Möglicherweise handelt es sich um eine Bindegewebsschwäche, die 1989 schon die Mauer zum Einsturz brachte, die aus dem zweitbesten Beton gebaut worden war. Das Holocaust Mahnmal ist eine der meistfotografierten Sehenswürdigkeiten Berlins, eine Schließung ginge zu Lasten der Attraktivität der Hauptstadt. Für die Sanierung soll ein zweistelliger Millionenbetrag fällig werden, zu rechnen ist also mit einem dreistelligen Millionenbetrag, der sich am Ende auf 1,2 Milliarden Euro beläuft. Bauprojekte in der Hauptstadt scheinen mit einem Fluch beladen zu sein. Das Holocaust Mahnmal ist noch keine zehn Jahre in Betrieb und schon marode, der Flughafen zerfällt bereits vor der Eröffnung. Das Stadtschloss wird daher sofort nach der Eröffnung drei Jahre lang grundsaniert. Und wer ist Schuld am Mahnmal-Desaster? Baustoffexperten sind überzeugt, man hätte nicht den besten Berliner Beton, sondern richtigen Beton verwenden müssen.

Frage 163

Wie doof sind die eigentlich in Hamburg?

Hamburg will sich um die Austragung der Olympischen Spiele 2024 bewerben. Sollte Hamburg tatsächlich den Zuschlag erhalten, darf die ganze Stadt als Werbefläche für McDonald's und Coca Cola dienen und tausende von drogensüchtigen Sportlern aufnehmen. Den Ausschlag für Hamburg gab die Tatsache, dass die Stadt bei Großprojekten bislang noch nicht so total versagt hat, wie Berlin. Die Bauruine der Elbphilharmonie ist schon ein ermutigendes Signal, aber erst mit Olympia 2024 kann Hamburg beweisen, was es alles nicht hinkriegt. In den vergangenen Jahren bewarben sich fast nur noch undemokratische Staaten um die Austragung von Olympia und Fußball-WM, man darf also gespannt sein, wann Olaf Scholz sein Regierungskonzept verändern wird und ob er wirklich das Zeug zum Diktator hat. Insgesamt zwölf neue Musicals sollen den Bewerbungsfirlefanz begleiten, damit käme Hamburg seinem großen Ziel näher, nämlich ein Musicaltheater für jeweils 50 Bewohner. Geplant sind die Produktionen: »Thomas Bach – Superstar«, »Das Phantom der Doper«, »American Express« und natürlich »Scholz«.

Frage 164

Gehört die GroKo zu den Wertstoffen oder zum Restmüll?

Die, der oder das so genannte GroKo hat in fünf Monaten knapp 10 Millionen Euro für Werbung ausgegeben. Auf den ersten Blick erscheint es sinnlos, ein Produkt zu bewerben, für das sich fast 70 Prozent der Verbraucher entschieden haben, aber andererseits wissen die wenigsten, was ihr Produkt alles kann und was es alles nicht kann. Viele Menschen schämen sich inzwischen, dass sie sich die GroKo unüberlegt angeschafft haben und würden sie gerne umtauschen, aber das geht aus hygienischen Gründen nicht. Wenn das Haltbarkeitsdatum im Herbst 2017 abgelaufen ist, kann man die GroKo diskret im Hausmüll entsorgen, bis dahin steht sie rum und nimmt Platz weg, der für wichtigere Anschaffungen benötigt wird. Grundsätzlich kann man sagen, die GroKo ist eine Art neuartiger Abflussreiniger, der dafür sorgt, dass Geld aus den Rentenkassen schneller abfließen kann und der gleichzeitig verhindert, dass es verantwortungslosen jungen Menschen zufließt. Denn die GroKo basiert auf einem undurchschaubaren Rentnerbetriebssystem, das sich nicht mehr abschalten lässt. Laut Verpackung besteht die GroKo zu 81 Prozent aus dem Sedativum »Angela Merkel« und zu 12 Prozent aus dem Ballaststoff »Sigmar Gabriel«, der Rest sind schwarze und rote Farbstoffe und Geschmacksverstärker. Ein Warnhinweis informiert: »Kann erhebliche Spuren von Andrea Nahles enthalten.«

Frage 165

Wie war die Frage nochmal?

Frage 166

Wo gibt es diese tollen neuen Strahlenhandys?

Handytelefonate verursachen Hirntumor. Je länger man telefoniert, umso größer wird die Wahrscheinlichkeit und der Tumor. Das haben französische Forscher herausgefunden, die sind nahe verwandt mit amerikanischen Wissenschaftlern und australischen Experten und genießen in ihren Kreisen einen hervorragenden Ruf. Daher kann es keinen Zweifel geben: das Telefonieren mit Handys ist gesundheitsgefährdend. Das größte Risiko besteht merkwürdigerweise im Schläfenbereich, wo ein Handy ja nichts zu suchen hat. Wichtig ist es, das Handy möglichst weit vom Kopf weg zu positionieren. Strahlenexperten halten eine Entfernung von 200 Metern für ausreichend. Das Bundesamt für Strahlenschutz empfiehlt, sich kurz zu fassen oder den Festnetzanschluss zu benutzen. Hier bietet der Fachhandel sehr preiswerte 10-Kilometer-Kabel an, die es ermöglichen, das heimische Bakelit-Telefon mit ins Freibad zu nehmen. Es lohnt jedenfalls nicht, sich über Dauertelefonierer in Großraumwagen, Bussen oder in der U-Bahn aufzuregen. Die sterben in Kürze am Hirntumor. Bleibt nur noch eine Frage zu klären: wie gefährlich ist eigentlich Passivtelefonieren?

Frage 167

Kommt das Wahlrecht für Tiere?

Die Bundesregierung hat ein »Säugetiergutachten« vorgestellt, dass die Haltungsbedingungen von Bürgern tierischen Ursprungs regelt. Es geht im weitesten Sinn um die Rechte und Pflichten von Zootieren. Wichtig: die Tiere sind nicht verpflichtet, an TV-Zoo-Dokus teilzunehmen, es gibt auch für sie das Recht am eigenen Bild. Davon abgesehen sind ihre Persönlichkeitsrechte jedoch stark eingeschränkt, wenn es dem Zoodirektor passt, darf er sie schlachten und an andere Tiere verfüttern. Der Verkauf von Gnus, Zebras oder Giraffen als Grillgut ist jedoch verboten. Ob für Menschenaffen dieselben Rechte wie für Hartz-IV-Empfänger gelten sollen, ist umstritten. Gorillas brauchen deutlich mehr Auslauf als 50 m^2, beteiligen sich nur zögerlich an den Heizkosten und weigern sich, Hilfsarbeiten zu übernehmen. Besondere Vorsicht wird im Umgang mit Elefanten angeraten. Diese Tiere sind sehr nachtragend und berüchtigt für ihr gutes Gedächtnis, das über zwanzig Legislaturperioden reichen kann. Die Große Koalition will daher die Elefantenmütterrente einführen und denkt über ein Wahlrecht für Elefanten nach.

Frage 168

Trinken die Deutschen genug?

Es gibt doch noch gute Nachrichten. Jeder Bürger Deutschlands trinkt 11,8 Liter reinen Alkohol, den er sich meist in verdünnter Form als Bier, Wein oder Alkohol Sprizz zuführt. Damit nimmt Deutschland eine Spitzenposition in der Liste der alkoholverarbeitenden Bevölkerungen ein. Was lässt sich nun aus dieser nüchternen Zahl von 11,8 noch alles schließen? Vor allem eins: der muslimische Einfluss kann in Deutschland eigentlich nicht besonders groß sein, sonst müsste der Alkoholkonsum ja zurückgehen. Es gibt auffälligerweise auch keine Partei, die fordert, wir müssten mehr saufen, um das christliche Abendland zu retten. Wir trinken eigentlich mehr als genug, wir dürfen nur in unseren Anstrengungen niemals nachlassen. Es ist immer erfreulich, wenn man auf irgendwelchen Listen weit vorne steht. Deutschland ist die führende Exportnation und trinkt aber auch viel Pils. Deutschland ist besonders beim Export von Waffen weit vorne, was besonders gut ist, dann richtet das Zeug bei uns keinen Schaden an. Bei dem vielen Alkohol, der hier getrunken wird, sollte man mit Waffen sehr, sehr vorsichtig sein.

Frage 169

Wie vertrauenswürdig ist der ADAC?

Der ADAC will Vertrauen zurückgewinnen. Vereinschef August Markl sagte: »Die Krise hat den ADAC wachgerüttelt. Sie hat uns klar gezeigt, dass wir im Kern immer noch hervorragende und wichtige Arbeit leisten, aber uns noch neu ausrichten müssen«. Zunächst will man aber herausfinden, was das eigentlich für eine hervorragende und wichtige Arbeit sein könnte, die man da leistet. Darüber herrscht in dem riesigen Konzern noch immer Unklarheit. Man weiß, dass auf deutschen Straßen viele gelbe Autos herumfahren, auf denen »ADAC« steht, außerdem wurden auch viele Abschleppwagen gesichtet. Viele Verantwortliche vermuten daher, dass der Verein irgendetwas mit Verkehr zu tun haben muss. In der Richtung wird jetzt weiter recherchiert. Man versucht zu ermitteln, welches der beiden »A« im Vereinsnamen für »Auto« steht, da gibt es augenblicklich zwei gegensätzliche Ansichten. Auch die fast 19 Millionen Mitglieder des Vereins sollen so schnell wie möglich erfahren, wofür sie eigentlich ihren Jahresbeitrag bezahlen. Unabhängige Gutachter konnten immerhin ermitteln, dass eine ADAC-Mitgliedschaft zum kostenlosen monatlichen Bezug des Treppenlift-Magazins *ADAC-Motorwelt* berechtigt. Fest steht nur: der Verein hat das Vertrauen seiner Mitglieder verloren, deshalb wird eine Expertenkommission untersuchen, ob es nicht auch ohne Vertrauen geht.

Frage 170

Welchen Zusammenhang gibt es zwischen Pilotenstreiks und Herzinfarkten?

Eine Studie der Universität Mainz hat ergeben, dass sich Fluglärm besonders negativ auf Herzpatienten auswirkt und das Risiko für Infarkte und Schlaganfälle erhöht. Deutschlands Lufthansa-Piloten haben darauf sofort äußerst verständnisvoll reagiert und wollen in nächster Zeit häufiger mal die Arbeit niederlegen, um den Herzkranken zu helfen. »Das ist das Mindeste, was wir tun können«, erklärte ein Sprecher der Pilotenvereinigung Cockpit. Die Lufthansa-Piloten wollen ihre gesundheitsfördernden Aktionen rechtzeitig vorher ankündigen, damit die Herzkranken nicht einen Herzschlag bekommen, wenn der gewohnte Lärm plötzlich ausbleibt. »Wir sind uns unserer besonderen Verantwortung für die Volksgesundheit vollauf bewusst«, sagte ein Cockpit-Sprecher. Interne Untersuchungen haben nämlich ergeben, dass Piloten zu 100 Prozent an der Entstehung von Fluglärm beteiligt sind. Ein Zusammenhang, der gerne übersehen wird. Weiterhin fordern die Piloten aus reiner Rücksicht mit 55 Jahren in den vollbezahlten Ruhestand gehen zu dürfen. Denn je früher die Piloten mit dem Fliegen aufhören, umso weniger Lärm machen sie.

Frage 171

Haben Schröder und Putin was miteinander?

Was kaum jemand weiß: zwischen Helmut Kohl und Angela Merkel gab es einen, heutzutage weitgehend unbekannten Kanzler. Sein Name war und ist Gerhard Schröder. Unter seiner Herrschaft wurde Deutschland kurzfristig zur konstitutionellen Monarchie mit König Hartz IV an der Spitze. Gegenwärtig lebt Schröder in Hannover, der Hauptstadt von Niedersachsen, einem zu 95 Prozent von Mastgeflügel und Schweinen bewohnten Landstrich, der aber auch historische Persönlichkeiten wie Lena hervorgebracht hat. Schröder arbeitet in der Gasleitung eines russischen Energieunternehmens. Sein einziger Freund ist der russische Topdemokrat und Gasleitungsbesitzer Wladimir Putin und das ist ein glücklicher Zufall. Putin hat nämlich im Moment auch keine Freunde, weil er gerade den 3. Weltkrieg vorbereitet und da braucht man hauptsächlich Feinde. Ein Freund ist ihm aber geblieben und daher hat er mit Schröder ausgiebig Geburtstag gefeiert. Es gibt ein rührendes Foto, auf dem sich die beiden umarmen, und das hat jetzt zu Irritationen geführt. Denn eigentlich findet es Putin nicht so gut, wenn sich Männer liebhaben.

Frage 172

Muss der Landarzt auch Bauern kastrieren?

Bei der ärztlichen Versorgung in Stadt und Land bestehen immer noch erhebliche Ungleichgewichte. Obwohl jeder Arzt, der sich auf dem Land niederlässt, ein Deputat von 150 Litern Bier, drei Schweinehälften, eine kostenlose Zugehfrau und eine Nebenrolle in einer Vorabendserie erhält, bleiben Ärzte lieber in der Stadt. Man schätzt, dass vierzig Prozent der Landbevölkerung sterben, ohne jemals einen Arzt gesehen zu haben. Da herrschen in der Stadt ganz andere Verhältnisse, hier sterben 82 Prozent der Patienten nachdem sie einen Arzt gesehen haben. In Metropolen wie München oder Hamburg kommen auf zehn Bewohner drei Urologen, vier Orthopäden und elf Psychotherapeuten. Schlägertrupps bedrohen nichtsahnende Passanten und zerren sie in die Praxis eines Arztes, dem es an Patienten fehlt. Ganz anders ist die Lage im ländlichen Niedersachsen. Dort ist der Notstand so groß, dass sich Kranke als Schweine verkleidet in die Sprechstunde von Tierärzten einschmuggeln, um eine Behandlung zu bekommen. Sie werden dann mit Antibiotika vollgepumpt und erhalten immerhin eine Impfung gegen die Maul- und Klauenseuche. Prophylaktisch werden auch die Schwänze gekürzt.

Frage 173

Kann eine EU-Armee den Weltkrieg gewinnen?

Jean-Claude Juncker, ehemaliger Großwesir einer Steueroase und zurzeit Präsident der größten Hängeregistraturbehörde der Welt, fordert eine EU-Armee. Die Soldaten von 26 Staaten sollen zu einer Eurotruppe zusammengeführt werden. Ursula von der Leyen ist von der Idee begeistert. Die Bundeswehr könnte sich mit Panzerattrappen, flugunfähigen Flugzeugen, schraubunfähigen Hubschraubern und schussunfähigen Schusswaffen an der Armee beteiligen. Sie verfügt über Tonnen von waffenähnlichem Material, mit dem man jeden Feind ein paar Tage lang täuschen könnte. Die EU-Luftwaffe wird auf dem Gelände des Hartmut-Mehdorn-Gedächtnisflughafens und in Kassel Calden stationiert. Auf beiden Flughäfen gibt es keine störenden Zivilflugbewegungen. Die Hamburger Elbphilharmonie bietet sich als militärische Kommando-Zentrale an, samt eigenem Orchester, das die Generalmobilmachung mit dramatischer Musik untermalen könnte. Feinde werden aus dem Nicht-EU-Raum importiert, das erste Manöver soll in Griechenland stattfinden, damit die sehen, dass man auch auf militärischem Wege aus der EU geworfen werden kann.

Frage 174

Ist der Bus die neue Bahn?

Die Fernbusbranche boomt wie verrückt. Immer mehr Menschen wollen mit dem Bus fahren, doch es gibt nicht genug Menschen, die den Bus fahren können. Es fehlt an Fahrern. Fast jeder Busfahrer lenkt heutzutage bereits zwei Fahrzeuge gleichzeitig, manche sogar drei oder vier. Sie steuern zuerst einen Bus ans Ziel, fahren dann mit dem Zug zurück und holen die anderen. Diese ausgeklügelte Technik kann natürlich zu Verspätungen führen, vor allem, wenn man im letzten Bus sitzt, den der Fahrer holt. Reisende, die sich zutrauen, einen Bus zu lenken, können sich unterwegs etwas dazu verdienen. Wenn sich allerdings niemand freiwillig meldet, wird der Fahrer per Los bestimmt. Jedes zweite Fahrzeug auf unseren Straßen ist bereits ein Fernbus, in zehn Jahren sollen es doppelt so viele sein. Doch der Fahrermangel droht alle Erfolge zunichte zu machen. Die Fernbusbetreiber wollen sich deshalb zusammenschließen und alle Busse aneinanderkoppeln. Dann muss nur im vordersten Bus ein Fahrer sitzen. Diese Buskolonnen könnten auch auf eigenen speziellen Verkehrswegen fahren, beispielsweise auf zwei Schienen.

Frage 175

Müssen wirklich alle Züge in Hamm geteilt werden?

Die Bahn plant eine gigantische Service-Offensive, um die Fernbuskonkurrenz zu schocken. So sollen 350 neue Haltestellen geschaffen werden, damit die Züge häufiger stoppen können. Ein Halt auf freier Strecke ist ja immer ärgerlich, doch das wird demnächst viel angenehmer, wenn auf allen freien Strecken Bahnhöfe stehen. Die dazu gehörigen Städte will die Bahn ebenfalls aufbauen. Es soll außerdem ein zweites Wolfsburg hinter dem ursprünglichen Wolfsburg gebaut werden, damit Zugführer eine Chance haben, doch noch in Wolfsburg zu halten. Ebenso wird es ein zweites, friedlicheres Hamm geben, in dem keine der gefürchteten Zugteilungen mehr veranstaltet wird. Die Anzahl der Züge soll drastisch erhöht werden, das führt zu mehr Pünktlichkeit. Hat ein Zug Verspätung, steigt man einfach in den davor stehenden um. Platzreservierungen könnten in Zukunft kostenlos sein, nur wer seinen Platz wirklich einnehmen will, muss bezahlen. Angedacht ist die Einführung einer neuartigen BahnCard. Sie gilt nur drei Monate, muss aber zwölf Wochen vor Ablauf gekündigt werden, sonst verlängert sie sich um zwei Jahre.

Frage 176

Was tut sich am Mount Everest?

Der Mount Everest soll sicherer werden. Die nepalesischen Behörden haben vor Beginn der Klettersaison eine Reihe von Vorsichtsmaßnahmen ergriffen. So gibt es jetzt im Basiscamp eine Wartehalle, die Platz für 4000 Personen bietet. Dort können wenigstens die Hälfte der auf den Aufstieg wartenden Touristen untergebracht werden. Insgesamt vierzig Arztpraxen stehen den Besuchern zur Verfügung, Kassenpatienten warten höchstens drei Tage auf einen Termin beim Orthopäden oder beim Urologen. Die Messung des Augeninnendrucks ist in 5000 Meter Höhe obligatorisch und kostet 450 Euro. Acht Psychotherapeuten helfen bei der Überwindung der Höhenangst aber auch bei Penisneid, Burn-Out oder Platzangst. Bipolar Gestörte zahlen die doppelte Gipfelgebühr. Ein zehnstöckiges Bürogebäude beherbergt alle wichtigen Behörden, dort bekommt man die Genehmigung zum Verlassen des Basislagers, die Genehmigung zur Benutzung der Nordflanke und die Mindestlohnverträge für die Sherpas, Fahrstuhlführer und Treppenliftbetreiber. Dort sitzt auch die Sauerstoffzuteilungsbehörde, der neu eröffnete Selfiestangenverleih und der Müllberater.

Frage 177

Ist klassische Musik wirklich so gut, wie immer alle behaupten?

Verschiedene deutsche Orchester haben mit Warnstreiks begonnen. Die Hamburger Philharmoniker verrichteten Dienst nach Vorschrift und weigerten sich Sechzehntel oder schnellere Noten zu spielen. Radikale Cellisten hatten außerdem den Baßschlüssel versteckt. Die Dortmunder Philharmoniker schalteten dagegen auf Notbetrieb um. So mussten sich Konzertbesucher eine Interpretation von Beethovens Fünfter auf Triangel, Klarinette und drei Ukelelen gefallen lassen. Dabei hatte der Komponist mindestens fünf Ukelelen und ein Akkordeon vorgeschrieben. Schlimmer erwischte es die Besucher der Berliner Philharmonie. Sie bekamen Noten und Instrumente in die Hand gedrückt mit der Aufforderung Vivaldis »Vier Jahreszeiten selber runterzufiedeln«. In München hatte man vorrausschauend polnische Ersatzkräfte verpflichtet. Die äußerst preisgünstigen Jurastudenten erwiesen sich jedoch musikalisch als Flop. Das Bielefelder philharmonische Orchester spielte »Die kleine Nachtmusik« unsauber und atonal und die Cellisten aßen in leisen Passagen demonstrativ Knäckebrote. Hinterher stellte sich allerdings heraus, dass die Bielefelder Musiker sich gar nicht am Streik beteiligt hatten.

Frage 178

Sollten wir mehr Nashornpulver essen?

Eine Rekordzahl von Nashörnern fiel Wilderern in Südafrika zum Opfer. Denen geht es nur um das Horn, das pulverisiert auf asiatischen Märkten 50.000 Euro pro Kilo bringt. Das Pulver gilt als Aphrodisiakum, jedoch sprechen europäische Wissenschaftler dem Horn des Nashorns jegliche sexuelle Wirkung ab. Wie kommt es aber, dass China das bevölkerungsreichste Land der Welt ist und viele andere asiatische Staaten mit erstaunlichem Kinderreichtum gesegnet sind? Wirkt das Nashornpulver vielleicht doch? Dagegen könnte sprechen, dass die Nashörner selber sich nur sehr schleppend vermehren. Aber ihnen liegt das Horn auch nicht als Pulver vor. Wir wollen hier keineswegs der Nashornwilderei das Wort reden, aber es muss doch auffallen, dass die Deutschen praktisch kein Nashornpulver zu sich nehmen und gleichzeitig die Geburtenrate immer weiter sinkt. Warum wird Hornpulver nicht längst von Ratiopharm synthetisch hergestellt und vom Familienministerium kostenlos an kinderlose Paare verteilt? Und sollten heterosexuelle Paare, die sich ein Kind wünschen, nicht endlich ein Nashorn adoptieren dürfen?

Frage 179

Gibt es Wiedergeburtsvorbereitungskurse?

Die Friedhofsgebühren steigen teilweise dramatisch an. Der Grund: unsere Friedhöfe sind zu groß, es sterben immer weniger Menschen und viele Verbraucher sind mit den Service-Leistungen des herkömmlichen Bestattungsbetriebs unzufrieden. Sie wollen nicht in einer Holzkiste oder einer Urne auf das Jüngste Gericht warten, sondern glauben plötzlich an die Wiedergeburt und bilden sich deshalb ein, sie brauchten keine Grabstelle. Die Wiedergeburt ist aber in Deutschland gesetzlich noch nicht eindeutig geregelt. Das Risiko ist groß, dass man als Hedgefond-Manager oder Makler zurückkommt, oder man arbeitet plötzlich in einem Call-Center in Mumbai. Immer mehr Menschen wollen sich anonym bestatten lassen, wie die Angehörigen nach deren Ableben glaubhaft versichern. Die Friedhofsbetreiber regieren jedenfalls mit neuen Angeboten auf die veränderten Sterbegewohnheiten. Standard ist kostenloses W-Lan für alle Sargbewohner, plus integrierter Sarg-Cam, eine Sterbeflatrate für die ganze Familie, eine Rückzahlungsgarantie im Falle einer Auferstehung und Paybackpunkte, die beim Jüngsten Gericht verrechnet werden können.

Frage 180

Was hatte Hitler gegen Eisbären?

Stadtplaner schlagen Alarm, denn in Berlin wird der Raum für Denkmäler langsam knapp. Neben den bereits bestehenden ca. 1,2 Millionen Denkmälern wurde gestern eine 17 Meter hohe Stahlskulptur zu Ehren des Hitler-Attentäters Georg Elser eingeweiht, demnächst soll dann eine Bronzeskulptur zum Gedenken an Knut errichtet werden. Das Denkmal wird den jungen Eisbären in Lebensgröße darstellen, möglicherweise auf einem 25 Meter hohen Sockel. Knuts Rolle im Dritten Reich ist allerdings noch ungeklärt, seine Anhänger behaupten, wie immer in solchen Fällen, er sei zu jung gewesen, um etwas davon mitzubekommen und außerdem sei er ein Eis- und kein Braunbär. Ein Denkmal für die Opfer der Knuthysterie ist momentan genausowenig geplant, wie ein Denkmal für die Opfer der Guido-Knopp-Geschichtssäuberungen. Für das von der SPD gewünschte Klaus-Wowereit-Mausoleum mit angegliedertem Spiel- und Spaß-Bad fehlen der verschuldeten Stadt glücklicherweise die Mittel. Dafür wird gerade ein Wettbewerb ausgeschrieben für die Gestaltung eines fünf Hektar großen Mahnmals für die Opfer der Mahnmalerei.

Frage 181

Sind Katzen besser als Hunde?

Katzen sind Massenmörder. Das ergab eine Untersuchung des Fachblatts *Nature Communications*. Katzen töten allein in den USA jährlich bis zu 3,7 Milliarden Vögel und über 20 Milliarden Mäuse und andere kleine Säugetiere. Katzen sind eine größere Gefahr für die Artenvielfalt als Pestizide oder die Zerstörung natürlicher Lebensräume durch den Menschen. Mit anderen Worten, Katzen müssen sofort verboten, die Restbestände sollten eingestampft oder an interessierte China-Restaurants weitergegeben werden. Der Besitz einer Katze ist strafbar. Der Gesundheitsminister Alf Gröhe lässt Altkatzencontainer aufstellen. Auch der Besitz und Verkauf von literarischen und nichtliterarischen Katzenkalendern, Katzenvideos und Katzenzungen zieht härteste Strafen nach sich. Wem ein Katzenvideo »gefällt«, muss mit Sperrung des Internetzugangs rechnen. Der Catwalk wird bis auf weiteres geschlossen, Heidi Klum erhält Sendeverbot und wird wegen katzenhafter Umtriebe zu zehn Jahren Zwangsarbeit im Naturschutz verurteilt, die sie gemeinsam mit Daniela Katzenberger ableisten kann. Das Musical »Cats« darf nie mehr aufgeführt werden.

Frage 182

Warum essen Männer so viel Fleisch?

Männer trinken zuviel Alkohol, sind zu fett und gehen zu selten zu Vorsorgeuntersuchungen. Dabei könnten durch Früherkennung viele Krankheiten vermieden werden. Männer essen zuviel Fleisch und zu wenig Obst. Es hat auch keinen Zweck, ihnen klar machen, dass Obst oft zu 80 Prozent aus Fruchtfleisch besteht. Denn Männer glauben, sie sind durch die Antibiotika im Fleisch vor Krankheiten geschützt. Ein Drittel aller Männer trinkt zuviel Alkohol, die anderen zwei Drittel trinken glücklicherweise immer genau die Menge, die ihr Körper braucht. Wenn Frauen ein Problem haben, gehen sie nach drei Stunden zum Arzt. Bei Männern dauert es Jahre und dann ist oft der erste Arzt, der sie untersucht, der Pathologe. 90 Prozent aller Männer kennen den Hubraum ihres Autos, aber nur 30 Prozent ihren Cholesterinwert. Aber über das Auto müsste der Mann zu packen sein. Männer würden viel lieber zu Vorsorgeuntersuchungen gehen, wenn sie sich auf eine Hebebühne legen dürften und von einem ölverschmierten Facharzt abgeklopft würden. Der überprüft dann Bremsbacken und Auspuff, guckt nach, ob irgendwo Flüssigkeit austritt, und wenn alles in Ordnung ist, kriegt der Mann eine TÜV-Plakette.

Frage 183

Welchen Knall hätten wir denn gerne?

Seit einiger Zeit gilt ein neues Klassifikationssystem für psychiatrische Krankheiten (DSM-5). Darin finden sich hunderte wenig erprobte seelische Krankheiten, für die es aber in jedem Fall ein Medikament gibt. Vieles, was gerade noch gesund war ist jetzt krank. AdF und ADHS sind altbewährte Krankheiten, doch inzwischen darf man auch an krankhafter Aufmerksamkeit leiden. Wer sich mehr als eine Stunde auf ein Buch konzentrieren kann, gilt als gefährdet und sollte dringend irgendetwas schlukken. Menschen, die FDP wählen, sind nicht per se krank, sollten sich aber sofort untersuchen und die Finger von blaugelben Speisen lassen. Wer seinen Hund im Haus nicht an die Leine nimmt, leidet an Bindungsangst. Wer eine Abneigung gegen den Fernsehkoch Björn Freitag hegt, der leidet an Björn-Out. Wer dagegen Angst hat, dass ihm ein Kamel das Knäckebrot wegfrisst, der ist ein Simulant, denn die Krankheit existiert nicht. Wer normalgewichtig ist, leidet mit großer Wahrscheinlichkeit an einer Essstörungsverweigerung, wer gerne gebratenes Hackfleisch in Bällchenform zu sich nimmt, den hat das Bulette-Syndrom erwischt.

Frage 184

Warum kriegen nur noch Schwule Kinder?

Das Bundesfamilienministerium hat in einer Studie Gründe für die grassierende Kinderlosigkeit der Deutschen aufgelistet. Danach fehlt vielen der passende Partner oder sie brauchen Freiräume für ihre Hobbys. Die Politik muss also unbedingt für mehr Freiräume sorgen, jede Wohnung sollte mindestens einen Freiraum haben, der nur mit einem Kind plus Zubehör gefüllt werden darf. Die Suche nach einem passenden Vermehrungspartner scheint immer schwieriger zu werden in einer Zeit, in der nur noch Homosexuelle Kinder bekommen. Kinder verursachen ausschließlich Probleme: Betreuungsprobleme, Erziehungsprobleme, Lactoseintoleranz, Glutenunverträglichkeit, Taschengeldprobleme, Diddlmauswahn, Aufmerksamkeitsstörungen, Essstörungen, Drogen, Rechtsradikalismus und Justin Bieber-Poster. Außerdem wirkt es abschreckend, dass im Fernsehen immer nur verhaltensgestörte Kinder gezeigt werden, deren Eltern als Kinderlose angefangen haben. Wir sagen nur: Boris Becker, Bettina Wulff, die Dschungelcampbewohner oder Sebastian Edathy, der eine so schwere Kindheit hatte, dass er Mitglied einer obskuren sozialdemokratischen Sekte wurde.

Frage 184a

Wieso wusste ich schon am 24.3. 2012, was mit der German Wings Maschine passieren würde?

So gut wie jeder Pilot ist schon einmal am Steuerknüppel eingeschlafen, mindestens 9 von 10 Piloten waren im Cockpit zu müde, um weiterfliegen zu können. 10 von 9 Piloten sind dann aber doch weitergeflogen. Das erklärt viele unverständliche Durchsagen aus dem Cockpit, von denen man als Passagier immer zur Unzeit aufgeweckt wird. Kaum ein Pilot ist in der Lage, seinen Namen im Halbschlaf verständlich aufzusagen. Auch die voraussichtliche Ankunftszeit am Zielort bleibt rätselhaft, hängt aber auch von der Schlafdauer des Piloten ab. In Zukunft sollen die Stewardessen die Pilotenansagen in Gebärdensprache übersetzen, wie bei der Vermittlung der Sicherheitsvorkehrungen. Müden Piloten wird empfohlen, rechts ran zu fliegen und die Maschine irgendwo im Luftraum abzustellen. Sie sollten unterwegs regelmäßig ein Fenster öffnen und Frischluft hereinlassen. Bisher passierten trotz der vielen schlafenden Piloten kaum Unfälle. Luftfahrtexperten sind der Ansicht, dass ein wacher Pilot ein zehnmal größeres Risiko als ein schlafender darstellt. Gefährlich wird es nur, wenn auch der Autopilot übermüdet ist und einnickt.

Frage 185

Leiden Trompeter unter Blasenschwäche?

Über neun Millionen Menschen leiden an einer Blasenschwäche. Aber das Problem wird totgeschwiegen, die Betroffenen trauen sich nicht, über ihr Leiden in Talkshows zu sprechen, die Krankheit hat nicht den Sex-Appeal von ADS oder Burn-Out. Inkontinenzkranken werden Kürbispräparate empfohlen, mit Namen wie »Prostagutt forte«. Wer das in der Apotheke öffentlich ausspricht ist schon fast geheilt. Doch auf ein *Stern*-Titelbild mit der Zeile: »Prominente bekennen – wir sind nicht ganz dicht« wird man noch lange warten. Das Undichtsein hat keinen guten Ruf. Wikileaks, Vatileaks oder Nazi-Leaks, diese Begriffe sind eher negativ besetzt. Es kommt eben darauf an, was aus dem Menschen austritt. Wut, Frust und Trauer soll man unbedingt rauslassen, aber dabei handelt es sich eher um emotionale Inkontinenz. Manche Schriftsteller wie Günter Grass können im hohen Alter die Tinte nicht mehr halten und entleeren sich ins Feuilleton, Peer Steinbrück kann die Worte nicht halten und bekommt dafür von den Stadtwerken Bochum 25.000 Euro. Die sind aber auch spezialisiert auf die Beseitigung von Körperausscheidungen aller Art.

Frage 186

Werden in Deutschland zu viele Rechte beschnitten?

Gesetzlich ist die Beschneidung von Jungen erlaubt, aber nur unter bestimmten Auflagen. Die Auflagen können aus Watte oder Gummi oder auch Styropor sein, das ist Sache der Religion. Die Beschneidung muss medizinisch fachgerecht durchgeführt werden, auf keinen Fall vom Friseur und schon gar nicht von einem IT-Experten, obwohl der sich mit Schnittstellen auskennen sollte. Wichtig ist die Betäubung der Eltern, die nur mit Zustimmung des Kindes stattfinden darf. Dem Neugeborenen muss in aller Deutlichkeit klar gemacht werden, was der Eingriff für ihn bedeutet. Das Thema wird kontrovers diskutiert, aber alle Parteien sind sich einig, dass Kinder nicht gleichzeitig beschnitten, tätowiert, ohrdurchlöchert und konfirmiert werden dürfen. Der Deutsche Ethikrat regte einen Runden Tisch an, auf dem auch Beschneidungen stattfinden können, falls der Tisch vorher örtlich betäubt wurde. Der Tisch darf aber auf gar keinen Fall beschnitten werden, sonst wäre er ja eckig. Das Innenministerium erklärte, eine Vorratsvorhautspeicherung sei bislang nicht vorgesehen.

Frage 187

Ist der Teufel ein Saarländer?

Fast jedes dritte Baby kommt in Deutschland per Kaiserschnitt zur Welt, die Dunkelziffer liegt wahrscheinlich weitaus höher. Den höchsten Anteil an Kaiserschnittgeburten hat das Saarland. Wissenschaftler gehen davon aus, dass viele Ungeborene eine instinktive Abwehrhaltung gegen das Saarland entwickeln und dort von selber nicht auf die Welt kommen wollen. Deshalb muss man sie mit Gewalt herausschneiden. Familienpolitiker regten an, man müsse das Saarland für Ungeborene attraktiver machen. Ein Bundesland, dessen einzige Sehenswürdigkeit Oskar Lafontaine ist, hat es naturgemäß schwer. Darüber hinaus wird das Saarland gerne als Vergleichsmaßstab für Katastrophen aller Art verwendet. Von einem Ölteppich von der Größe des Saarlands, einer verbrannten Waldfläche von der Größe des Saarlands oder einem auf die Erde zurasenden Kometen von der Größe des Saarlands hört man ständig in den Nachrichten. Wer will es einem Ungeborenen verdenken, wenn es nicht als erstes das saarländische Licht der Welt erblicken will? Alle Kaiserschnitte aneinandergelegt, würden übrigens exakt ein Gebiet von der Größe des Saarlands begrenzen.

Frage 188

Was tun, wenn der Arzt mich schlägt?

Warum schlagen Ärzte eigentlich immer Alarm? Fördert der Beruf einen gewissen Hang zum Dramatisieren? Haben Ärzte eine Alarmschlagzentrale? Und können Sie das Alarmschlagen als Kassenleistung abrechnen? Diese vier drängenden Fragen können wir allerdings erst nach dem nächsten Ärztealarm beantworten. Den aktuellen müssen wir aber unbedingt Ernst nehmen, denn es geht um die in Kürze erwartete, schwere Grippewelle, den Grippetsunami, wahrscheinlich sogar die Mutter aller Grippen. Mit dem Eintreffen dieser Grippe, ist so gut wie ziemlich sicher vielleicht zu rechnen und deshalb wollen die Ärzte vorher alle Grippeinteressenten durchimpfen. Leider fehlt es an Impfstoff, vor allem in Bayern und Norddeutschland. Gab es bei der Schweinegrippe zu viel Impfstoff und zu wenig Grippe, so wird es diesmal genau umgekehrt sein. Der Pharmahersteller Novartis hat nämlich schwere Lieferprobleme. Zumindest dagegen gäbe es einen Impfstoff, der aber noch keine Zulassung hat. In diesem Jahr haben wir also immerhin die Wahl: wir können an der Grippe oder an Lieferproblemen sterben. Oder an einem Alarmschlaganfall.

Frage 189

Woran kann man die Darsteller in einer Daily Soap unterscheiden?

95 Prozent aller im Privatfernsehen auftretenden Personen sind in irgendeiner Form durchlöchert oder mit merkwürdigen Zeichen beschriftet. In Scripted-Reality-Formaten kann man handelnde Personen nur an den unterschiedlichen Tattoos auseinanderhalten. Das seriöse Fernsehen schreckt noch vor dem Einsatz von Körpermarkierungen zurück. Dabei wäre es in Verfilmungen dicker Bücher wie dem »Turm« oder »Krieg und Frieden« sehr vorteilhaft, wenn man die Personen anhand eines Piercings unterscheiden könnte. Oder wenn ihnen ihr Name einfach auf die Stirn tätowiert worden wäre. In Privatsendern sind die Moderatoren vertraglich verpflichtet, sich beschriften zu lassen. Irgendwo unter ihrer Kleidung haben sie eine Markierung, damit sie wissen, dass sie mit dem richtigen Körper aufgestanden sind. Schon lange überwiegt das Gefühl, im Fernsehen sei nichts und niemand echt. Volksmusiker besitzen Lippen, die sich von selbst bewegen und Schauspielerinnen wie Christine Neubauer oder Maria Furtwängler haben sich einen Gesichtsausdruck auftätowieren lassen, damit niemand glaubt, sie hätten gar keinen.

Frage 190

Wie müsste ein modernes Waldgesetz aussehen?

Grundsätzlich darf jeder den Wald benutzen, allerdings nicht ständig. Man kann an offiziellen Vorverkaufsstellen Eintrittskarten erwerben. Kinder bis zwölf dürfen umsonst rein, Rentner, Studenten und Hartz-IV-Empfänger zahlen die Hälfte. Waldeingänge werden mit Lichtschranken und Drehkreuzen versehen. Für Radfahrer will man besondere Wege anlegen, die sie sich mit Reitern teilen müssen. Darüber hinaus werden Radfahrer unterschieden in Mountainbiker, E-Biker, Hollandradler, Dreiradfahrer und Vollpfosten, die niemals gleichzeitig unterwegs sein dürfen. Es gilt im gesamten Wald die Helmpflicht. Radfahrende Pferde können den Wald nur freitags zwischen 12.30 und 14.00 Uhr benutzen. Der Eintrittspreis erhöht sich, wenn im Wald besondere Events stattfinden, wie Verfärbung des Laubs, Frühlingsanfang, Vogelzug, Weihnachtsbaumselberschlagen oder Neuschnee. Nordic Walker brauchen beim Betreten des Waldes eine Sondergenehmigung zum Durchlöchern des Bodens. Die Waldbetreiber haben dafür Sorge zu tragen, dass die Attraktionen allen Besuchern gleichmäßig zur Verfügung stehen. Im Abstand von zwei Kilometern müssen beispielsweise zwei bis drei Spechte an den Bäumen angebracht werden, sollte es eine Spechtknappheit geben, kann ein Specht durch drei Kleiber oder einen Förster ersetzt werden.

Frage 191

Wie schafft es Martin Walser, dauernd neue Bücher zu schreiben?

Martin Walser lässt seine handschriftlichen Aufzeichnungen seit Jahrzehnten von Ehefrau Käthe abtippen. Das erzählte der Schriftsteller der Literaturzeitschrift *Freundin Donna*, anscheinend ein Projekt von Donna Leon. Walser erklärte weiter, er frage seine Frau nicht um Rat, beobachte sie aber beim Abtippen. Ob es sich dabei um eine besonders raffinierte Sexualtechnik handelt oder ob es Walser einfach Spaß macht, anderen bei der Arbeit zuzusehen, wissen wir nicht, auf jeden Fall hält die Ehe schon mehr als sechzig Jahre, wahrscheinlich, weil es immer was zu tippen gibt. Vor einiger Zeit hatte Walser gegenüber der Literaturzeitschrift *Dogs* erklärt, dass ihn nur der tägliche Spaziergang mit seinem Hund am Leben erhalte. Literaturkritiker forderten die sofortige Einschläferung des Tieres, denn es kursierte das Gerücht, dass der Hund einen Großteil von Walsers Spätwerken geschrieben und die Frau das dann abgetippt hatte. Damit ist auch klar, warum Walser bei Lesungen oft überrascht wirkt, er liest den Text ja zum ersten Mal, staunt über die Einfälle seines Hundes und dass sein Verlag so etwas druckt.

Frage 192

Leiden Drachen an Burn-Out?

Der Pharma-und Chemiekonzern Bayer baut sein Angebot an Medikamenten für Haus- und Nutztiere aus. Praktischerweise orientieren sich Haustiere oft an den Krankheiten ihrer Besitzer. Immer mehr Hunde leiden unter einer Hundehaarallegie oft noch verbunden mit einer Beifussintoleranz. Hier hilft ein allergendichter Überzug, in den man den Hund verpackt. Oder man bewahrt Haare und Hund an zwei getrennten Orten auf. Eine Nacht in der Tiefkühltruhe wirkt oft Wunder, führt aber zu unerwünschten Nebenwirkungen. Stark verbreitet unter Hunden sind auch Aufmerksamkeitstörungen verbunden mit Hyperaktivität. Da hilft auch den Tieren ein gutes Retalinpräparat. Nach einer Nacht im Rad klagen viele Hamster über Burnout, hier arbeitet man bei Bayer an einem Gegenmittel, das auch stotternden Papageien helfen könnte. Hühner leiden wiederum häufig an einer bipolaren Störung. Schuld ist der Leistungsdruck. So werden Vögel aus Legebatterien von ihren Besitzern gezwungen, Bio-Eier zu legen. Das überfordert die meisten Hühner natürlich maßlos. Ihnen könnte dasselbe Beruhigungsmittel helfen, das man auch anderen Nutztieren verabreicht. 95 Prozent aller Schweine in Mastbetrieben leiden nämlich an Wahnvorstellungen und glauben, sie wären von Mördern umgeben.

Frage 193

Funktionieren Elektroschocks auch mit Öko-Strom?

Wiederbelebungsversuche bei Patienten mit Herzstillstand sollten, laut einer Studie, länger vorgenommen werden, als in Krankenhäusern allgemein üblich. Die Überlebenswahrscheinlichkeit steigt um 12 Prozent, wenn die Ärzte 25 statt 16 Minuten lang versuchen, das Herz in Gang zu bringen. Was die aktuelle Studie verschweigt: die Überlebenschancen steigen um mehr als hundert Prozent, wenn der Patient sechs Stunden lang mit Herzdruckmassagen und vor allem Defibrillatoren bearbeitet wird. Das bedeutet, sechs Stunden lang »Weg vom Tisch« schreien, aber am Ende lebt der Tote. Die Stromrechnung des Krankenhauses steigt natürlich ins Unermessliche, aber das kann man der Krankenkasse als Elektroschocktherapie in Rechnung stellen. Die Studie wird auch Auswirkungen auf die Fernsehärzte haben, jetzt können sie den Patienten über zehn Folgen im Stromstoßgewitter zucken lassen, ohne dass es unrealistisch wirkt. Im Licht der neuen Erkenntnisse sollte man auch überprüfen, ob wir wirklich alle AKWs abschalten können oder ob wir nicht doch drei Defibrillationsatomkraftwerke brauchen.

Frage 194

Gibt es irgendwelche neuen Informationen zum Thema Pandabären?

Seit Bao Bao im Zoo verstorben ist, gelten Pandabären im Großraum Berlin als praktisch ausgestorben. Es gab allerdings immer Zweifel, ob es sich wirklich noch um einen echten Bären handelte oder um einen kleinwüchsigen Tierpfleger in einem Pandabärenkostüm. Die Darstellung eines Pandabären ist nämlich relativ simpel, man muss nur herumsitzen und fressen, ein Traum für jeden Festangestellten. Die Organe des Bambusbären werden im Naturhistorischen Museum untersucht, sollte man dort eine vergrößerte Leber finden, weiß man, woran der Pfleger gestorben ist. Sollte es doch ein Bär gewesen sein, kommt er als Organspender nur bedingt in Frage. Bao Bao war ein Geschenk der Volksrepublik China an den damaligen Bundeskanzler Schmidt. Der verzichtete aber darauf, den Bären zu essen, und nachdem er vergeblich versucht hatte, ihm das Rauchen beizubringen, überließ er ihn als Dauerleihgabe dem Berliner Zoo. Dort stellte sich heraus, dass Bao Bao zeugungsunfähig war, was man sich natürlich hätte denken können, da er ja nicht mal in der Lage war, eine Zigarette danach zu rauchen.

Frage 195

Wie günstig sind zwei Stühle zum Preis von drei?

Hersteller können frei entscheiden, in welcher Packungsgröße sie ihr Produkt anbieten. Das nutzen die Unternehmen zu erstaunlichen Angeboten, die schwer zu durchschauen sind. Vorsicht ist geboten, wenn es heißt »Zwei Riegel zum Preis von drei«. Hier muss man genau nachrechnen, ob das wirklich billiger ist. Gleiches gilt für die »günstige 300 Gramm Packung – jetzt 50 Gramm leichter«. Wirbt ein Hersteller mit »20 Prozent weniger Inhalt« zum gleichen Preis, dann muss das nicht unbedingt ein Nachteil sein, wenn es sich um Erbsensuppe nach Gutsherrenart oder Du-Darfst-Wurst handelt. Finger weg von so genanntem Bonus-Content wie »Kartoffelklöße mit FDP-Sammelbildchen« oder Zwieback mit »Sahra-Wagenknecht-Augenbrauen zum Aufbügeln« oder »Linksdrehender Camenbert«. Unbedenklich sind Erdnüsse mit dem Warnhinweis, »kann Spuren von Erdnüssen enthalten« und Bier mit dem Aufdruck »Vorsicht, Verschluckgefahr«. Bedenklich ist dagegen »Knäckebrot mit einer Ecke mehr«, die CD »Kuschelrock für Diabetiker«, das »Messer-Set mit USB-Schnittstelle« oder »Cornflakes mit Untertiteln für Hörgeschädigte«.

Frage 196

Was darf in einer Geflügelwurst drin sein?

Laut einer Richtilinie des hessischen Landwirtschaftministeriums darf Geflügelwurst neben Fleisch von Pute oder Truthahn auch Rind- oder Schweinefleisch enthalten. In einigen Fällen ist der Geflügelanteil sogar der kleinere, wie eine Studie der Stiftung Warentest ergab. Tatsache ist: seit der hessischen Gebietsreform gelten Rinder und Schweine durchaus als Geflügel im poetischen Sinne. Schweine sind flugunfähige, äußerst wohlschmeckende Vögel, das gleiche gilt auch für Rinder, die in Tierhalterkreisen eher als flugunwillig gelten. Geflügelwurst ist nur eine Geflügelwurst im übertragenen Sinne, also eine Art geflügeltes Wort für Geflügelwurst, das man nicht so wörtlich nehmen sollte. Pferdewurst darf nur dann als Geflügelwurst verkauft werden, wenn tatsächlich ein geflügeltes Pferd, also ein Pegasus verarbeitet wurde. Eine Geflügelwurst kann auch nur aus Schweinefleisch bestehen, wenn das Schweinefleisch vor der Verwurstung dreimal in die Luft geworfen wurde. Geflügelwurst darf sogar Tofu enthalten, wenn der Tofu mit dem Flugzeug zur Fleischfabrik gelangt ist. Selbst Holzbestandteile sind in der Geflügelwurst erlaubt, allerdings nur, wenn dafür ein alternder Konzertflügel verwurstet wurde.

Frage 198

Muss man einen Flugzeugabsturz bei der *Bild*-Zeitung anmelden?

Der Absturz der Germanwings Maschine in Südfrankreich hat die Medien aus heiterem Himmel getroffen. Vertreter der öffentlich-rechtlichen Sender beklagten die geringe Vorbereitungszeit für Talkshows, Brennpunkte, Expertenrunden und 3-D-Grafiken. Zeitungen schafften es nicht mehr rechtzeitig, alle Fotos der Opfer aus Facebook-Profilen zusammenzusuchen. Als Zeichen des Respekts richteten viele Redaktionen Liveticker ein und schickten Reporter, um erste Hilfe zu leisten. Immerhin gelang es aber, einige schöne Klickstrecken zusammenzustellen. »Die spektakulärsten Flugzeugabstürze«, »Die abgelegensten Absturzstellen«, »Die steilsten Absturzthesen« und »Die lustigsten Durchsagen aus dem Cockpit« erreichten die höchsten Zugriffszahlen. Sandra Maischberger moderierte eine halbe Stunde nach dem Absturz eine Talkrunde mit Markus Lanz, Maybrit Illner, Günther Jauch und anderen Betroffenen zum Thema: »Wie ist das, eine Sendung machen zu müssen, ohne dass man das geringste weiß oder zu sagen hat?« Es wird ja wirklich allzu gerne verdrängt, dass, von Aktionären mal abgesehen, Journalisten die eigentlichen Opfer solcher Katastrophen sind.

Frage 199

Wann hört die verdammte Fragerei endlich auf?

Jetzt.

Offener Brief an Amazon

Sehr geehrter Jeff Bezos,

Sie haben hunderte, tausende wenn nicht gar hunderttausende Schriftstellerexistenzen vernichtet. Schuld daran sind Ihre unverantwortlichen Praktiken, die darauf abzielen, das literarische Leben, wie wir es kaum noch kennen, zu zerstören. Ich könnte Ihnen manipulierte Empfehlungslisten, wahnsinnige Rabattforderungen und verzögerte Auslieferung missliebiger Verlage vorwerfen, aber das machen schon die anderen. Ich kritisiere vor allem, dass Amazon sich verbrecherischer Methoden bedient, die gegen die Menschen- und Schriftstellerwürde verstoßen. Es sind Foltertechniken, die allen völkerrechtlichen Konventionen Hohn sprechen und die man eigentlich nur als geistiges Waterboarding bezeichnen kann.

Das grausamste Folterwerkzeug, das Ihr Unternehmen anwendet, ist das so genannte »Amazon-Ranking«. Dort wird der Autor mit einer Zahl konfrontiert, die seinen Rang in der literarischen Welt wiedergeben soll. Das bedeutet beispielsweise in meinem Fall Platz 75.193 für mein Werk »Was macht dieser Zippert eigentlich den ganzen Tag«. Ich muss also davon ausgehen, dass es 75.192 Bücher gibt, die besser sind als meins, über das der Verleger Klaus Bittermann kurz nach dem Druck zu mir sagte: »Ist doch eigentlich ganz gut geworden.« Auf die Rückseite des Covers druckte er ein Zitat des *SZ*-Redakteurs Willi Winkler: »Hans Zippert ist einsame Spitze«. Das war eine faustdicke Lüge, denn dank Amazon weiß ich, dass ich nicht einsame Spitze, sondern höchstens hinteres Mittelfeld bin, wenn nicht gar auf den Abstiegsrängen. Sie können sich vorstellen, sehr geehrter Jeff Bezos, dass diese Erkenntnis nicht gerade zu meiner Inspiration beiträgt und bestimmt keine Kreativität freisetzt, die nötig wäre, um eine bessere Platzierung zu erzielen. Beim nächsten Buch druckt mein Verleger dann wahrscheinlich die Empfehlung »Bekannt von Platz 75.193 bei Amazon« auf den Titel. Und ich kann noch froh sein, wenn er das draufdruckt, denn meine weiteren Platzierungen sind noch deprimierender. »Aus dem Leben eines plötzlichen Herztoten« liegt auf Rang 81.338, »Die 55 beliebtesten Krankheiten der Deutschen« belegen Platz 308.891. Ich muss ganz ehrlich sagen, dass ich sehr froh wäre, wenn Sie, lieber Herr Bezos, mal eine Empfehlungsliste in meinem Sinne manipulieren könnten, was ja in Ihrem Hause die Regel zu sein scheint. Ich weiß nicht, was Sie dafür verlangen, wäre aber bereit, 100-150 Euro aus eigener Tasche dafür auszugeben, solange Sie dafür sorgen, dass nichts über unseren Deal an die Öffentlichkeit dringt. Ich habe auch nichts gegen eine verzögerte Auslieferung meiner Bücher, Hauptsache, es findet überhaupt eine Art von Auslieferung statt.

Sie können aus diesen Ausführungen ersehen, dass mich Ihr sauberes Ranking moralisch vollkommen zerrüttet hat. Es gibt regnerische Tage, an denen mich der unwiderstehliche Drang packt, einfach mal selber zehn meiner Bücher zu bestellen, um ein paar tausend Plätze gut zu machen. Bislang konnte ich mich durch gezielten Einsatz von Alkohol und Baumkuchentorte davon abhalten, diesen letzten verzweifelten Schritt zu gehen. Aber ich kenne Kollegen, die das machen und die diese Demütigung und Selbstdemontage natürlich mit tiefer Scham erfüllt. Doch sie werden entschädigt durch das Erlebnis, ihr Buch plötzlich von Rang 300.000 auf 9.834 schießen zu sehen. Da kaufen sie dann gleich noch zwanzig dazu, natürlich in kleinen Stückelungen und über verschiedene Bestelladressen, sonst könnte Ihr Algorithmus misstrauisch werden. Amazon liefert Informationen, die kein Autor braucht, die Sie, Jeff Bezos, uns aber geradezu aufdrängen. Ein guter Freund von mir, der ebenfalls unter der Wahnidee leidet, Bücher schreiben zu müssen, unterbricht regelmäßig intensive Gespräche, nur um nachzuprüfen, ob sich sein Amazon-Ranking wieder verändert hat. Irgendwo hat er mal gehört, dass Sie, Jeff Bezos, die Zahlen alle 30 Minuten aktualisieren. Damit ist nicht nur eine längere Unterhaltung unmöglich geworden, es ist jede Art von Kommunikation unmöglich geworden, weil der Freund nur noch darüber räsoniert, warum sich »nichts getan« hat oder er triumphiert in geradezu peinlicher Weise, weil er drei Plätze in Ihrem teuflischen Ranking aufgestiegen ist. Ich kenne Autoren, die Screenshots machen, um den kurzen Moment zu dokumentieren, an dem sie mal eine dreistellige Platzierung erreicht haben. Ich kann das sehr gut nachfühlen, auch ich besitze einen Screenshot von dem Augenblick, als ich Rang 7 belegte, nachdem ich bei Harald Schmidt zu Gast war.

Dank Ihres Unternehmens kommen weder ich, noch tausende anderer deutscher Autoren dazu, etwas wirklich Substanzielles, geschweige denn, den großen deutschen Gegenwartsroman (GDG) zu schreiben, denn wir sind Gefangene Ihres perfiden Bewertungssystems, das darüber hinaus nach völlig undurchschaubaren Regeln erstellt wird. Wenn Sie noch ein paar Jahre so weiter machen, wird die deutsche Gegenwartsliteratur in völliger Bedeutungslosigkeit versunken sein. Jeff Bezos, ich fordere Sie hiermit auf, nehmen Sie die Buchversandsparte Ihres Unternehmens sofort vom Netz! Konzentrieren Sie sich auf die Belieferung mit Johann-Lafer-Käsereiben, Hello-Kitty-Bettwäsche oder Kartoffeln, sonst bricht das literarische Leben hier für immer zusammen.

Ihr tief besorgter und verzweifelter

Hans Zippert

Aus der Reihe Critica Diabolis

21. *Hannah Arendt,* Nach Auschwitz, 13,- Euro
45. *Bittermann (Hg.),* Serbien muss sterbien, 14.- Euro
55. *Wolfgang Pohrt,* Theorie des Gebrauchswerts, 17.- Euro
65. *Guy Debord,* Gesellschaft des Spektakels, 20.- Euro
112. *Fanny Müller*, Für Katastrophen ist man nie zu alt, 13.- Euro
129. *Robert Kurz*, Das Weltkapital, 18.- Euro
139. *Hunter S. Thompson*, Hey Rube, 10.- Euro
153. *Fanny Müller*, Auf Dauer seh ich keine Zukunft, 16.- Euro
154. *Nick Tosches*, Hellfire. Die Jerry Lee Lewis-Story, 16.- Euro
160. *Hunter S. Thomspon*, Die große Haifischjagd, 19.80 Euro
162. *Lester Bangs*, Psychotische Reaktionen und heiße Luft, 19.80 Euro
171. *Harry Rowohlt, Ralf Sotscheck*, In Schlucken-zwei-Spechte, 15.- Euro
173. *einzlkind*, Harold, Toller Roman, 16.- Euro
174. *Wolfgang Pohrt*, Gewalt und Politik, Ausgewählte Schriften, 22.- Euro
176. *Heiko Werning*, Mein wunderbarer Wedding, 14.- Euro
178. *Kinky Friedman*, Zehn kleine New Yorker, 15.- Euro
184. *Guy Debord*, Ausgewählte Briefe. 1957-1994, 28.- Euro
185. *Klaus Bittermann*, The Crazy Never Die, 16.- Euro
188. *Ralf Sotscheck*, Tückisches Irland, 14.- Euro
189. *Hunter S. Thompson*, The Kingdom of Gonzo, Interviews, 18.- Euro
192. *Heiko Werning*, Schlimme Nächte, 14.- Euro
197. *Wolfgang Pohrt*, Kapitalismus Forever, 13.- Euro
200. *Wolfgang Pohrt*, Honoré de Balzac, 13.- Euro
204. *Robert Kurz*, Weltkrise und Ignoranz, Essays, 16.- Euro
205. *Wolfgang Pohrt*, Das allerletzte Gefecht, 13.- Euro
207. *einzlkind*, Gretchen, Prima Roman, 18.- Euro
208. *Wiglaf Droste*, Die Würde des Menschen ist ein Konjunktiv, 14.- Euro
209. *Lee Miller*, Krieg. Mit den Alliierten in Europa 1944-45, 24.- Euro
210. *Berthold Seliger*, Das Geschäft mit der Musik, 18.- Euro
211. *Friedhelm Kändler*, Die Abenteuer der Missis Jö, 14.- Euro
212. *Franz Dobler*, A Boy Named Sue, 14.- Euro
213. *Klaus Bittermann*, Alles schick in Kreuzberg, 14.- Euro
214. *Heiko Werning*, Im wilden Wedding, 14.- Euro
215. *Hartmut El Kurdi*, Revolverhelden auf Klassenfahrt, 14.- Euro
216. *Ingo Müller*, Furchtbare Juristen, 22.- Euro
217. *Marcel Cohen*, Raum der Erinnerung. Tatsachen, 16.- Euro
218. *Ralf Sotscheck*, Türzwerge schlägt man nicht, 13.- Euro
219. *Wiglaf Droste*, Der Ohrfeige nach, 14.- Euro
220. *Bill Cardoso*, Rummel im Dschungel, Ali gegen Foreman, 12.- Euro
221. *Frédéric Ciriez*, Ein Sapeur in Paris. Roman, 20.- Euro
222. *Hunter S. Thompson*, Odyssee. Gonzo-Briefe, 28.- Euro
223. *Mark Fisher*, Gespenster meines Lebens, 20.- Euro
224. *Hans Zippert*, Würden Sie an einer Tortengrafik teilnehmen?, 14- Euro
225. *Eike Geisel*, Die Wiedergutwerdung der Deutschen, 24.- Euro
226. *Mark Polizzotti*, Highway 61 Revisited. Dylan's Road-Album, 18.- Euro
227. *Berthold Seliger*, I Have a Stream, Ein Aufruf gegen das TV, ca. 14.- Euro

http://www.edition-tiamat.de